LE GOLFE
DE
GASCOGNE

PAYS BASQUE. — PYRÉNÉES

PAU. — BAYONNE

(PANORAMA A VOL D'OISEAU)

avec une carte de l'arrondissement de Bayonne

PAR

J.-B. DASCONAGUERRE

CONSEILLER GÉNÉRAL, AUTEUR DES *ÉCHOS DU PAS DE ROLAND*.

PRIX 3 FR.

En vente chez tous les Libraires.

A. MENETIÈRE, IMPRIMEUR-ÉDITEUR

PAU

LE

GOLFE DE GASCOGNE

LE GOLFE
DE
GASCOGNE

PAYS BASQUE. — PYRÉNÉES

PAU. — BAYONNE

(PANORAMA A VOL D'OISEAU)

avec une carte du département des Basses-Pyrénées

PAR

J.-B. DASCONAGUERRE

CONSEILLER GÉNÉRAL, AUTEUR DES *ÉCHOS DU PAS DE ROLAND*.

En vente chez tous les Libraires.

A. MENETIÈRE, IMPRIMEUR-ÉDITEUR

PAU

Tous droits de traduction et de reproduction réservés.

PRÉFACE

A qui pourrais-je, ma fille chérie, dédier mieux qu'à toi ces quelques pages écrites comme je les ai senties, sans desssein préconçu, sans transition apparente, inspirées seulement par mon affection pour mon pays et par mon désir de lui être utile ?

Voici de quelle circonstance elles sont nées. Il n'y a pas longtemps, je me trouvais à St Jean-de-Luz, ma ville natale, siégeant comme conseiller général au conseil de révision. C'était une de ces délicieuses journées de *printemps, où tout est vie, lumière, émanations salines de la mer, senteurs parfumées de la terre. L'Océan dans son calme imposant laissait dormir ses flots sur cette belle plage de St Jean-de-Luz, que nous avons admirée si souvent ensemble; non loin de lui, les montagnes et les vallées reprenaient leurs teintes verdoyantes, et entre ces deux cadres enchanteurs, la ville de St Jean-de-Luz semblait heureuse d'être assise.*

« Quel beau pays ! s'écriait-on au-
« tour de moi. Pourquoi, me disait-on,
« vous qui y êtes né, qui le connaissez
« si bien et qui l'aimez, n'en feriez-vous
« pas connaître les beautés à l'étranger
« qui les ignore ? Tant d'autres lieux
« ont leurs panégyristes, et bien souvent
« les descriptions que l'on en fait ne
« répondent pas à la réalité. Seul notre
« pays est peu connu; il mériterait
« cependant de l'être. »

Ces paroles furent une incitation pour moi. Je me mis aussitôt à dépeindre à vol-d'oiseau notre beau golfe de Gascogne, ses plages ravissantes et ses stations si jolies qui les bordent, Hendaye, Ciboure, St Jean-de-Luz, Guéthary, Biarritz, Bayonne. Entré dans cette voie, je ne pouvais pas oublier notre cher pays Basque, si voisin de la mer et qui, par ses sites admirables, ses mœurs, ses usages, ses souvenirs, ses origines et sa langue, est bien digne d'attirer la curiosité de l'étranger et du touriste.

De là ces tableaux esquissés en courant sur Labastide-Clairence, la grotte d'Isturitz, les ruines du château de Belzunce, celles du château de Gramont, Cambo, si gracieux, le Pas-de-Rolland si sauvage, et ces aperçus rapides sur l'industrie, le commerce et les richesses naturelles de notre splendide contrée.

Portant un peu plus loin mes regards, j'ai admiré la belle capitale de notre si beau département, rendez-vous de l'étranger pendant l'hiver à cause de son doux climat, et j'ai noté en passant les stations thermales dont nos Pyrénées sont si libéralement dotées.

Ces pages ainsi effeuillées ont été goûtées du public; quelques amis m'ont conseillé de les réunir en un petit volume pour les répandre au loin. Je cède à ce désir; c'est ce travail que je te dédie, heureux d'associer ton nom au bien qui pourra en résulter pour notre cher pays.

J.-B. D.

LE
GOLFE DE GASCOGNE

I

Le voyageur qui longe en bateau le golfe de Gascogne dans les eaux françaises, contemple avec admiration, du haut de la dunette, le splendide panorama qui se déroule devant lui.

Le golfe du côté de l'Espagne présente également un spectacle non moins beau, mais d'un caractère tout différent. L'Océan semble contenu par une rampe de falaises, espèce de chaînes de montagnes, commençant au phare de Socoa et s'arrêtant à St-Sébastien. Il semblerait que la terre ait voulu jeter un défi à la mer et lui dire : « Tu n'iras pas plus loin. »

Mais l'Océan dans le golfe de Gascogne se rit des vains efforts que l'on tente pour briser ses colères; les flots sont implacables et un jour, dans sa fureur, la mer franchit les montagnes que la terre semblait lui opposer; elle s'ouvrit une issue, et comme si elle eût voulu étaler sur le continent sa puissance et sa majesté, elle créa elle-même, au milieu d'une ceinture de montagnes, le plus beau port naturel peut être du monde, *le Passage*. C'est là qu'à une époque, non bien éloignée, des jésuites français vinrent chercher asile ; ils y fondèrent un collége célèbre, sous le nom du Passage, toujours aimé de ceux qui l'ont connu et apprécié.

Après le Passage, et comme pour faire contraste avec cette nature grandiose et sinistre, le voyageur voit apparaître la charmante et gracieuse silhouette de St-

Sébastien, ville autrefois incendiée, aujourd'hui rebâtie à nouveau dans le style le plus élégant et le plus moderne. Rien de coquet, de séduisant, comme ce mamelon vert s'élevant en amphithéâtre, baigné de tous les côtés par les eaux de la mer, sa citadelle qui domine ses promenades que la vague caresse, son cirque de taureaux, sa plage de bains, la plus belle de l'Espagne, sa place et son palais de la Constitution, le Palais Royal en miniature, son port, son théâtre, ses rues élégantes alignées au cordeau. Tout est beau, grandiose et gracieux à St-Sébastien.

Mais rebroussons chemin et revenons aux eaux françaises.

C'est d'abord Hendaye, avec sa plage ravissante, son sable velouté, sur lequel le pied se pose comme sur le plus doux satin ; il n'y rencontre ni le plus mince galet, ni la moindre aspérité. Une eau toujours limpide mouille à peine la taille du baigneur ; il peut sans danger, comme dans une vaste piscine, avancer dans la mer jusqu'à perte de vue. La Bidassoa déverse nonchalamment ses eaux presque endormies dans ce bassin immense, que l'Océan, dans sa plus grande fureur, n'ose même pas troubler : on dirait un lac Suisse sur le bord de la mer.

En face, sur le territoire espagnol, se dresse sur son rocher la vieille Fontarabie, aux ruines sévères et historiques ; un clocher dentelé domine son église, qui conserve encore les traces de son ancienne splendeur. Au loin est Irun, l'île des Faisans avec sa colonne commémorative se dressant au milieu des eaux, rappelant le mariage du grand roi Louis XIV avec l'Infante d'Espagne ; et plus près, le pont de Béhobie. Béhobie et Biriatou offrent à la curiosité du touriste un but d'excursions agréables et variées.

Le Socoa et Ste Barbe apparaissent

bientôt avec leurs grands travaux en cours d'exécution, leurs falaises, leurs rochers, leurs promontoires dominant majestueusement la mer.

Au fond du tableau, abritée à l'horizon par les montagnes de la Rhune et des Cinq Couronnes, protégée du côté de la mer, comme par deux sentinelles avancées, par les forts de Socoa et de Ste Barbe, est assise comme endormie sur les eaux, la ville de St-Jean-de-Luz, capitale jadis de nos contrées, toujours fière de ce souvenir, et n'oubliant pas son orgueilleuse devise d'un jour : « St Jean-de-Luz, petit Paris ; Bayonne son écurie. » Elle est toujours charmante cette ville, que de nombreux baigneurs aiment à visiter pendant l'été ; une enceinte de collines verdoyantes l'entoure, et de ce centre de verdure elle donne la main au gracieux village d'Ascain, baigné par la Nivelle, et à deux des plus belles communes du pays Basque ; St-Pée et Urrugne avec ses riants vallons et ses bosquets fleuris. D'Ascain, l'on peut gravir à pied ou à cheval la montagne de la Rhune, une des ascensions les plus pittoresques de nos Pyrénées. L'étranger qui traverse la place principale d'Urrugne, ne doit pas manquer de fixer son regard sur le mode du cadran d'horloge de l'église ; il y verra cet aphorisme gravé en grosses lettres : *Vulnerant omnes, ultima necat,* belle pensée philosophique à laquelle Théophile Gautier doit sa plus ravissante poésie. Sa voisine près de la mer, Ciboure, étale sans orgueil ses simples et jolies villas, ses coteaux de Bordagain, et son petit, mais confortable établissement de bains.

Voici Guétary, joli village si aimé des mères de famille, pour sa plage tranquille et le calme dont on y jouit ; c'est un plaisir d'y voir pendant l'été les petits enfants jouer avec la mer comme un lion apprivoisé, et caresser sans crainte sa crinière écumante.

Bidart vient après, avec ses maisons blanches, ses tuileries et ses fours à chaux, ses belles carrières de pierres et ses champs si bien cultivés. A côté de ce riant et pittoresque village, comme autant d'oasis verdoyantes et couronnées de bosquets, s'échelonnent Ahetze, Arbonne, Bassussaraz, Arcangues, si renommés par leurs *Koskilarias* ou danseurs basques en temps de carnaval.

. Ici, inclinons-nous : *A tout seigneur, tout honneur*. Biarritz se présente avec ses splendides hôtels, ses châteaux luxueux, ses villas opulentes et ses plages si fréquentées du monde élégant et riche, après celles d'Hendaye, les plus belles de France ; sa villa Eugénie, portant le nom de celle dont la main découvrit, perdu au milieu des dunes, ce bloc de diamant aperçu par la duchesse d'Angoulême. Cette villa est aujourd'hui déserte et solitaire, il ne reste que le souvenir du bien que ses hôtes ont fait dans le pays. Aussi la reconnaissance de tous leur est acquise, quelle que soit d'ailleurs l'opinion politique de chacun. Pour les âmes bien nées, en effet, la reconnaissance est un devoir ; c'est le cri spontané de la conscience et du cœur.

Le navire salue ensuite le Phare, la Chambre d'Amour avec sa grotte humide, objet d'une touchante légende ; Anglet, au milieu de ses jardins et ses vignes de chasselas si recherchés du gourmet ; et si le voyageur dirige son regard à travers la forêt de pins qui se présente à ses yeux, il peut apercevoir de grandes constructions s'élevant sur une vaste plaine d'une fertilité prodigieuse. C'est le Refuge, fondation merveilleuse d'un vénérable et savant prêtre, l'abbé Cestac. Là, l'enfance abandonnée et pauvre, les âmes désillusionnées et repentantes trouvent asile ; elles ont, pour les diriger et les protéger, de saintes femmes que la piété a retirées du monde pour se consacrer à Dieu et à l'humanité. Chose admirable ! ces sables naguère arides, sont aujourd'hui fécondés, et l'on peut dire avec vérité que le désert a fleuri sous le souffle de la charité de ce saint fondateur.

A quelque distance, on aperçoit Capbreton renommé par son Gouf, dont les eaux profondes assurent un mouillage aux navires de tout tonnage. Capbreton a aussi une plage de bains de mer qui a son charme et son mérite. Oasis au milieu du désert, le port landais a éveillé l'attention du gouvernement : c'est un port de refuge qui se créera dans notre golfe.

Un port de refuge s'impose par la force même des choses, par la masse des écueils, des rochers et des courants qui l'environnent ; par la violence de la tempête qui sévit ; par les vents qui s'y engouffrent.

Tant d'épaves humaines sont jetées sur nos plages !

Pauvres mères ! pauvres enfants !

Aussi, nous le répèterons encore, les plus beaux monuments que l'on puisse léguer à la postérité ne sont pas ceux qui sont consacrés aux vaines jouissances de ce monde, mais bien ceux que l'on élève pour protéger et sauver la vie des hommes. La reconnaissance des peuples reste gravée sur ces barrières.

Enfin le navire passe la barre : Boucau, les Allées-Marines, délicieuse promenade que toute les villes de France envient à Bayonne, les remparts aux glacis verdoyants, la citadelle, les hauteurs de St-Etienne, les belles tours de la cathédrale, digne couronnement d'un long et saint épiscopat, aujourd'hui achevées par les soins de Mgr Lacroix, évêque de Bayonne; les flèches de l'église Saint-André, l'embouchure enfin de la Nive. Le navire ralentit alors sa marche et s'arrête près du quai de la place de la Liberté.

Débarqué à Bayonne, le voyageur visite le Cabinet d'histoire naturelle et le Musée du théâtre, où il admire un tableau du célèbre Bonnat, compatriote dont nous sommes tous fiers. De là, suivant les arceaux du Port-Neuf, abri agréable pour la pluie et la chaleur, échelonnés de magasins élégants, il se rend à la cathédrale, un des plus beaux monuments historiques de France. De là encore, contournant l'hôpital de la ville, à qui nous ne reprochons qu'une chose, c'est d'être trop beau, après avoir suivi les bords ravissants de la Nive, il rencontre sur sa route l'église St-André, l'hôpital militaire, le pont St-Esprit sous lequel coule l'Adour, fleuve dont les rives sont pleines de coquetterie et de fraîcheur. La ville de Dax, renommée par ses Thermes, en forme de couronnement, de même que pour la Nive la jolie station thermale de Cambo.

Si l'on voulait pénétrer dans notre pays de Labourd, que de belles choses n'y aurait-il pas à voir et à admirer ! La vallée d'Ustaritz, arrosée par la Nive, avec ses gracieux coteaux de Halsou et de Jatsou et son petit séminaire de Larressore, aussi beau à contempler de loin que joli à visiter ; la croix de Mouguerre, les vallons de Hasparren, les bords de la Joyeuse, sillonnant la vallée de l'Arberonne, serpentant autour de Labastide-Clairence ; Ayherre, Isturitz, St Martin-d'Arberoue ; les bords riants de l'Adour, Boulac, où le voyageur n'entend que le murmure des eaux qui roulent sous ses pas ; Ainhoa, Espelette, deux sentinelles avancées gardant la frontière, et au milieu de tout cela, des mœurs, des costumes, des usages, une foi religieuse, des jeux, un idiôme comme on n'en entend nulle part au monde. On aura beau faire, le Basque tel qu'il est et son admirable langue mère résisteront à tout.

Avec un peu de bonne volonté, on trouve un peu plus loin, après Cambo, le fameux Pas-de-Roland où, d'un côté, à droite, à deux heures de chemin, on a la grotte de Sâre, et à la même distance, à gauche la grotte d'Isturitz, palais souterrain féerique dont une triple rangée de nains et de géants de pierre semblent garder les longues galeries. L'eau, en s'infiltrant pendant des siècles à travers la voûte supérieure, a créé de gigantesques colonnes cristallines, ornées de draperies étranges coupées de bizarres arabesque. On y voit couchés des blocs cyclopéens semblables aux sphynx de la Haute Egypte et sur lesquels paraissent avoir été gravées les mystérieuses figures des hyéroglyphes antiques.

Et quand il est rentré chez lui, le voyageur peut dire avec vérité : quel délicieux séjour ! quel spectable admirable et varié !

Les merveilles de toutes nos Pyrénées se groupent d'ailleurs autour de notre golfe de Gascogne, que domine par dessus tout et qu'éclaire comme un phare lumineux notre ravissante capitale, berceau de deux rois : la belle ville de Pau, rendez-vous obligé durant l'hiver des heureux de ce monde, à qui tout sourit et qui peuvent se permettre de passer d'un pôle à l'autre pour ménager et entretenir leur santé. Charmante cité, pas de mistral, de ces tourbillons de vent, brusques, violents, et qui, d'une seconde à l'autre, vous font passer du chaud au froid, de la vie en plein air à l'usage obligé des pincettes et des tisons. Dans notre bonne capitale de Pau, une douceur, une clémence toujours égale dans notre température. Que Dieu a donc béni notre golfe de Gascogne ! Ce n'est pas tout, les stations thermales s'y donnent la main : ce sont les Eaux-Bonnes, les Eaux-Chaudes, Salies de Béarn, Cauterets, Baréges, St-Sauveur, Bagnères-de-Luchon, St-Christau, Bagnères-de-Bigorre, Capvern, le Vichy des Pyrénées, etc. Le malade y trouve la santé et le touriste les promenades et les sites ravissants.

Voilà notre golfe de Gascogne, voilà nos Pyrénées.

II

LE PAYS BASQUE

Assis, s'étendant au pied des Pyrénées, le pays Basque est la contrée classique du soleil et des fleurs. Par un de ces rares priviléges, il voit à la fois l'Océan avec ses flots, la montagne avec ses cîmes hautaines, ses neiges de velours, ses pelouses parfumées et ses vives cascades ; toutes ces belles choses de la nature semblent avoir imprégné le caractère du Basque d'un éclat, d'une grâce et d'une fraîcheur particulières.

En effet, y a-t-il quelque chose de plus séduisant que les détails d'un mariage au pays Basque ? Quelle simplicité, pleine de poésie et d'enseignements, dans la réception de la jeune épouse à l'entrée de la maison qui va devenir la sienne! Un balai et une quenouille sont les premiers présents qui lui sont offerts par sa belle-mère qui l'attend : avec l'un, la jeune mariée nettoie prestement le seuil de la maison ; avec l'autre, elle couvre un fuseau de lin qu'elle file, et ce n'est qu'après être sortie à son honneur de cette double épreuve qu'on lui remet toutes les clefs, la jugeant digne de la direction d'un ménage où elle apportera propreté, travail et prévoyance. Cet usage commence cependant à tomber en désuétude.

La veille du mariage, dans la soirée, les habitants du village voient passer sous leurs fenêtres toute une procession enguirlandée de corbeilles fleuries, remplies de massepains, de vins capiteux, de fruits vermeils et savoureux, de canards au plumage soyeux, de poulets et de dindons gras. On y voit même l'oiseau qui sauva le Capitole, ce dont les invités se doutent fort peu. Toutes ces précieuses et élégantes corbeilles renferment soigneusement les mille riens de la vie ; les cadeaux des invités aux époux, « *les Deusak* ou *Onak*. »

Le jour de la cérémonie religieuse, la mariée marche lentement, la tête baissée, vêtue de cette grande cape noire dont les Basquaises se drapent ce jour-là pour la première fois. Les routes et les sentiers sont jonchés de fleurs ; à la porte de l'église, le sacristain présente une branche de myrte trempée dans l'eau bénite à toutes les personnes de la noce.

La benoîte de l'église *(André serora)* fait agenouiller les deux époux l'un à côté de l'autre ; chose essentielle à remarquer, elle n'aurait garde d'oublier d'étendre la robe de la mariée, fût-elle en cachemire ou en velours, sous les genoux du mari.

Quoi de plus gracieux que le costume national ? (*)

Voici le jeune Basque ; il est beau comme le sont tous les fils des Cantabres ; sa tête est coiffée d'un béret bleu coquettement penché sur l'oreille ; une ceinture rouge entoure sa taille droite et élégante ; sa veste courte est jetée comme un dolman sur son épaule ; sa chemise est d'une blancheur irréprochable ; des agrafes d'argent ferment ses manches, et un bouton du même métal serre mollement son cou ; son pied est chaussé de sandales bariolées de rouge attachées en croix au bas de la jambe ; un makhila est dans sa main et il l'agite de temps à autre avec la fierté du tambour-major.

(*) Le passage suivant, jusqu'à la page 33, est extrait du *Pas de Roland.*

Là-bas, c'est le vieillard ; un béret couvre aussi sa tête ; il le porte simplement incliné sur le front ; sa chevelure est longue et flottante, signe de la noblesse et de l'antiquité de sa race : sa chemise blanche est agrafée comme celle du jeune homme, sa veste est aussi négligemment posée sur son épaule ; il porte la culotte courte ; des bas de laine emprisonnent ses deux jambes encore nerveuses ; sa chaussure en cuir a pour ornement deux belles boucles d'argent.

Voici un groupe de femmes.

Les jeunes filles ont la taille mince, les traits réguliers et expressifs. Celle-ci est enveloppée d'une mantille noire ornée d'une houppe reposant sur le milieu du front ; sa robe est d'une étoffe modeste. Celle-là porte le mantelet plié sur le bras ; sur sa tête est attaché un mouchoir aux couleurs vives qui laisse voir deux bandeaux bien lisses de cheveux noirs ; un petit châle couvre ses épaules.

La Basquaise avancée en âge est coiffée d'un mouchoir de mousseline blanche dont une des pointes flotte sur ses épaules; son costume est simple et sévère; sur sa poitrine pend un modeste bijou en or représentant un cœur et un Saint-Esprit. Cette autre ne laisse voir ni ses traits ni aucun détail de son costume; elle est couverte de la tête aux pieds d'une grande cape semblable à une guérite peinte en noir.

Mais une bande joyeuse vient de se défier au jeu de paume, et chaque joueur emprisonne sa main dans un énorme gant de cuir.

Le jeu de paume est le jeu national des Basques. Rien n'est plus intéressant: on admire à la fois la souplesse et la vivacité, l'ardeur et l'énergie, la fierté et l'exaltation du joueur; c'est tantôt un cerf qui bondit, tantôt un taureau qui se précipite sur son adversaire, tantôt un lion se prélassant dans son triomphe.

Un tribunal composé de juges sévères, graves comme des sénateurs romains, préside solennellement à ces jeux. Leur décision est souveraine : quand leur sentence est prononcée, personne n'ose murmurer, cette sentence fût-elle injuste. C'est une des vertus du Basque de s'incliner toujours respectueusement devant l'autorité, comme si Dieu lui-même avait parlé.

Ces jeux ont encore un double avantage. Tout en développant l'agilité des membres et en augmentant la vigueur du corps, ils font naître l'émulation, ils donnent à l'homme de la fierté et lui suggèrent le sentiment de sa valeur. Ces applaudissements frénétiques, ces sifflets perçant les airs exaltent son courage. Le joueur, en présentant sa poitrine à une balle lancée d'une main vigoureuse, apprend ainsi à exposer cette même poitrine à des coups plus meurtriers.

Quelle est cette troupe, au costume brillant et varié, qui s'avance d'un air grave et plein de dignité? — Ce sont des jeunes gens qui viennent représenter une *pastorale.*

Les pastorales forment une des récréations favorites du Basque. Les sujets en sont empruntés à la Bible, à la Mythologie, aux souvenirs de Roland, des Sarrasins, de Napoléon, etc. Ces compositions, rédigées par les poètes de la contrée, sont empreintes d'un caractère de simplicité antique et remplies d'images touchantes, gracieuses et originales. Elles sont un nouveau témoignage de la parfaite individualité d'un peuple qui a su garder, comme un dépôt inviolable et sacré, malgré les changements apportés par le temps et les orages politiques, ses coutumes, son idiôme et ses traditions séculaires.

Un théâtre, dressé en plein air, est décoré de tentures éclatantes. L'orchestre se compose de la *chirula* (flûte basque) et du tambourin.

La pièce commence par un long prologue, où l'un des acteurs esquisse à grands traits le sujet de la pastorale. Puis, les divers personnages entrent en scène. On remarque l'ordre et la régularité qui président à ces représentations, la chaleur et la fidélité avec lesquelles chaque rôle est interprété.

Et tous les spectateurs qui garnissent les galeries, soit au jeu de paume, soit aux pastorales, causent, plaisantent, crient et s'interpellent dans cette langue *eskuara* si belle et si expressive. (*)

Voyez nos mœurs et notre foi religieuse.

L'*Angelus* sonne, le bouvier arrête son attelage, le laboureur sa charrue, la fileuse son fuseau, la mère les caresses de son enfant, le fiancé son doux entre-

---

(*) Ici finit l'extrait du *Pas de Roland*.

tien avec sa fiancée, le joueur dépose ses cartes ou laisse se perdre la balle, le danseur abandonne sa danseuse, le tambourin, la *Chirula* ; les castagnettes se taisent, la danse s'arrête, tous les bérets s'inclinent jusqu'à terre et tout le monde fait un signe de croix et une prière.

Voyez nos églises, celle de St Jean-de-Luz est notre métropole ; puis viennent les charmantes églises d'Urrugne, de Bidart, de Mouguerre, de Labastide-Clairence, d'Isturitz, les curieuses tapisseries de l'église d'Hendaye, la chapelle des missionnaires de Hasparren et tant d'autres.

La gracieuse église d'Isatsou, près du Pas-de-Roland, mérite surtout une mention toute particulière ; elle est ravissante dans sa simplicité, mais elle rappelle surtout un souvenir qui fait honneur à la fidélité et à la loyauté du Basque. C'était dans les mauvais jours de la première Révolution, les prêtres étaient bannis et les temples fermés. Pour les soustraire à la cupidité des bandits, des vases sacrés, couverts d'émeraudes et de brillants d'un grand prix, avaient été cachés sous l'âtre du foyer. Les brigands accoururent pour s'emparer de ce riche butin renommé dans toute la contrée.

« — Les vases sacrés sont cachés dans ce foyer, dirent-ils au gardien discret de ce trésor ; il faut nous les livrer, ou tes pieds nous les livrons aux flammes !

« — Eh bien ! vous les livrerez au feu », répondit le Basque fidèle et énergique. Ses pieds furent calcinés, et voyant qu'ils s'étaient trompés sans doute sur la cachette du trésor, ils s'enfuirent, laissant un martyr à leurs pieds.

Voilà le Basque.

Ces vases sacrés existent encore ; aucun visiteur du Pas-de-Roland ne manque d'aller les voir au presbytère, où un vénérable prêtre les accueille avec la grâce et l'aménité que mettent tous les Basques à recevoir les étrangers.

III

INDUSTRIE — COMMERCE

Le pays Basque n'est pas seulement pittoresque, beau, splendide ; mais l'Océan qui le baigne, les rivières et les cours d'eau qui le traversent de tous côtés, les montagnes qui l'environnent, sont pour lui autant d'éléments d'attraction, de prospérité et de richesse.

Les minerais de Banca, des Aldudes, de Baïgorry, autant de trésors cachés, n'attendent que le chemin de fer des Aldudes pour se déclarer en *bonanza* ;

que de richesses enfouies dans ces montagnes ! Le chemin de fer, avant longtemps, va les mettre au jour et viendra enrichir notre port et nos contrées, en attendant son raccordement avec les Aldudes et l'Espagne, conclusion indispensable, qui s'impose dans un avenir prochain. L'Espagne obtient par là une diminution de parcours de plus de cent kilomètres pour venir en France.

Près de la grotte d'Isturitz, les montagnes ont pour fondement, pour base, du marbre, un marbre des plus colorés et jolis, mais à défaut de capitaux intelligents, ces carrières restent improductives.

Les belles carrières de pierre de la Rhune et de Bidache répandent l'aisance autour d'elles ; notre belle cathédrale fut construite avec leurs moellons voilà des siècles, et tout le monde sait si elle est splendide.

Came est une belle commune, située à

peu de distance du château de Bidache ; elle a de productives carrières de pierres et dispose d'un petit port d'embarquement.

Le kaolin de Louhossoa et d'Isatsou produit une porcelaine que l'on trouve supérieure à bien d'autres. On le recherche, et le jour où il sera bien connu, on le recherchera encore bien davantage. Ces carrières de kaolin sont situées au bord d'une route départementale, non loin de la Nive, à Ustaritz, qui peut en faciliter le transport, et de là à la gare de Bayonne il n'y a qu'un pas.

Les départements qui possèdent les plus beaux kaolins sont les tributaires de Louhossoa et d'Itsatsou, et si la distance et les frais n'étaient pas si grands, la montagne serait dénudée, tout serait enlevé ; les fabricants eux-mêmes sont les premiers à le dire en en témoignant tout leur regret.

Les montagnes d'Itsatsou renferment

des richesses dont on ne saurait ne pas tenir compte : pierres à fusil, pierres à ciment, pierres à moulin, pierres sulfureuses, mines de fer, etc. ; à une époque qui n'est pas très éloignée, il existait une *Ferrerie* qui dût se fermer faute de combustible.

Les salines de Briscous et de Villefranque, près la Nive, méritent une mention toute particulière.

Ces salines, renommées à juste titre, se trouvent situées au bord de la route départementale de Bayonne à Bardos, forte commune du pays Basque qui la domine, du reste industrielle aussi, par ses tisserands, de même qu'Urt, un peu plus loin; elles sont situées encore près du canal de Souhy, d'où il serait très-facile de faire arriver les chargements à Urcuit, à la gare ou à l'Adour.

Les bois abondent autour des salines pour le chauffage des chaudières; c'est avec des sources d'eau salée qu'on obtient le sel. A Villefranque, c'est du sel gemme, très employé également ; ces deux établissements ont une grande importance ; du reste, quand une reine d'Espagne, souveraine de l'île de Cuba, achète ou tout comme, l'importance de son achat ne peut être qu'à la hauteur de sa position.

La blancheur de leur sel est comparable à celle de la neige et du sucre le plus raffiné, à tel point qu'un jour, revenant en nombreuse compagnie de la palombière de Sare, chasse splendide, nous nous mettons à table, l'appétit bien aiguisé, l'amphytrion heureux de nous recevoir. Mais à peine au milieu du potage, tout le monde se lève : — « Grand Dieu, qu'avez-vous donc servi ? votre potage est un sirop consommé. » Après cet accident, on reprend sa fourchette et, trois ou quatre heures après, le café est servi. Heureux moka, impatiemment attendu à cause du dérangement qu'avait produit le potage erroné. A cette époque, ce délicieux breuvage était servi à table tout préparé; mais, aussitôt, tout le monde se lève encore comme d'un soubressaut, les tasses sont jetées, les croisées sont ouvertes. — « Sapristi, quel café nous donnez-vous? c'est du sel en confiture. » — « Malheureuse, qu'as-tu pensé? dit à sa cuisinière l'amphytrion courroucé, tu mets le sucre au potage et le sel au café! va-t-en, je ne veux pas te voir. » — « Pardonnez-moi, monsieur, ce n'est pas ma faute. Du sel de Briscous et du sucre de première qualité, je ne sais pas distinguer. » N'est-ce pas l'éloge le plus concluant du sel de Briscous?

Urcuit, autre commune industrielle où se trouvent, de même qu'à Lahonce, des carrières d'un plâtre extrêmement blanc et seul employé à peu près dans l'édification de toutes les villas et les constructions de Biarritz et des environs.

Labastide-Clairence confectionne les bérets, coiffure basque gracieuse et élégante, dont toutes les familles étrangères veulent coiffer leurs enfants lorsqu'ils quittent nos plages. Elle fabrique aussi des tricots.

Labastide-Clairence a peut-être sous son sol des éléments de richesse considérables. L'abbé Richard, appelé dans cette ville pour explorer les sources, trouva du schiste sous ses pieds, dans une foule d'endroits, et, dans son étonnement, il ne put s'empêcher de dire : *« Je me ferais fort de trouver du schiste dans toute cette commune, si je me fixais parmi vous... »*

C'était pronostiquer bien clairement sa propre fortune et celle de la commune. L'abbé Richard peut l'attester encore, et s'il y a des capitalistes tant soit peu courageux, qu'ils s'adressent à ce savant hydrogéologue et qu'ils tentent l'essai.

Ayherre a ses fabriques de *marrègues,*

espèce de tissu avec lequel on fait des capotes de bouvier et des genouillères qui vous préservent entièrement de la pluie et du froid. Aussi ce genre de tissu est-il bien recherché par tous ceux qui connaissent l'emploi utile et en même temps économique qu'on peut en faire.

Le chantier de construction d'Urt est encore à signaler ; il est placé entre l'Adour et la station d'Urt, double avantage pour son exploitation.

Nous ne devons pas ici omettre les tanneries des bords de la Nive à Bayonne, celles du Pessarou et de la Chapelle à Labastide-Clairence et à Urt, celles-ci plongeant dans un bras de l'Adour ; les tanneries, enfin, de Hasparren et de Bonloc.

Les cuirs ne peuvent être que très bons, la matière première, grâce à nos pâturages, ne laissant rien à désirer, et grâce aussi à nos eaux pures et limpides.

Les belles minoteries d'Ascain et d'Ustaritz, celle-ci devenue malheureusement, il y a quelque temps, la proie des flammes, expédient de tous côtés des farines très appréciées.

Hasparren envoie ses chaussures, non-seulement dans l'intérieur de la France, mais encore à Buenos-Ayres et à Montevideo, marchandise très-solide et à bon marché.

Un grand nombre de communes basques ont pour industrie la sandalerie, genre de chaussure basque qui s'expédie en quantité à l'étranger.

Nous avons à Pessarou et à la Chapelle, deux hameaux de Labastide-Clairence, ainsi qu'à Guéthary et à Bidart, des clouteries estimées; il y en avait du moins naguère dans ces dernières localités.

L'Adour près d'Urt, la Nive à Ustaritz, la Bidassoa à Hendaye, la Nivelle à St Jean-de-Luz, donnent encore à profusion des anguilles, des saumons et des poissons les plus recherchés.

Les ruisseaux qui descendent du Pas-de-Roland fournissent encore des truites exquises.

L'Océan fournit une grande collection de poissons dont l'énumération serait trop longue et fastidieuse.

St Jean-de-Luz marine le thon et l'anchois, et expédie dans toutes les parties de la France, et bien plus loin, ses produits marinés qui sont très recherchés et appréciés ; peu d'étrangers quittent nos plages sans emporter avec eux quelques boîtes renfermant cet entremets agréable au palais et garnissant toujours très-bien les coins d'une table à manger.

Méharin, St Esteben, Mendionde, Macaye et Bonloc ont des pâturages pouvant lutter avantageusement avec ceux de la Suisse ; le commerce du bétail s'y fait sur une large échelle. Les marchés de Hasparren sont de véritables exhibitions de bœufs gras, les marchés de Labastide-Clairence commencent à le devenir aussi ; mais sans prétendre en aucune façon vouloir porter la moindre atteinte au marché de Hasparren, cela serait impossible, ils pourraient cependant s'entr'aider mutuellement et se faire beaucoup de bien. Les marchés d'Urt, au commencement de l'hiver, sont renommés par la qualité des génisses et des veaux qui y sont conduits. Les foires de Bidache et d'Urt font époque dans l'année. Les marchés de St Jean-de-Luz, d'Urrugne, d'Espelette et de St Pée, où vont aussi les produits du gracieux village de Souraïde et de la belle commune d'Ainhoa, ont aussi leur importance. C'est le rendez-vous du pays Basque et de la frontière espagnole. Tout marché a un très-bon côté : il favorise les transactions, établit des relations et fait circuler l'argent. Mais il y a le revers de la médaille : c'est une occasion de plaisir pour la jeunesse, qui souvent en abuse. Dans tous les cas, c'est une occasion de dépense et de chômage pour le travail ; c'est une faute, s'ils se répètent trop fréquemment.

Les cerises d'Itsatsou et de Guiche, les poires, les pêches et les belles prunes de Guiche et de Sames sont savourées par tous les gourmets.

Près de Came, et toujours dans le canton de Bidache, vous trouverez Bergouey, Arancou, Viellenave, autant de nids de verdure, de parterres de fleurs, et des vergers comparables à ceux de la Touraine. Nous avons sous la main tout espèce de fruits, sauf ceux du tropique. Nos châtaignes ont une saveur aussi délicieuse que celles des plus beaux marrons ; nos noix sont excellentes et nos confiseurs en font des confits réputés ; nos nèfles sont superbes ; l'eau de cassis et l'eau de noix, après les liqueurs bien entendu d'Hendaye, sont goûtées par les friands. La méture et le pain basque sont de vrais gâteaux. Commandez à St Jean-de-Luz un *Bounarko opila*, car pas plus que les massepains de Hasparren vous n'en trouverez si vous ne prenez cette précaution. Faites-en la demande et vous m'en donnerez des nouvelles.

Les macarons Lagarde font attrouper tous les baigneurs autour de ce magasin dont les rayons donnent sur la gracieuse promenade de St Jean-de-Luz « l'allée Louis XIV ». La marchande doit souvent chauffer le four. Le chocolat de Cambo, St Jean-de-Luz, Bayonne, ça va sans dire, Labastide-Clairence et tant d'autres localités, est excellent, fabriqué on ne peut plus consciencieusement, je veux dire sans fraude d'aucune espèce ; et chacun, à son départ, en fait sa provision et prend les adresses pour de nouvelles commandes.

Les crûs de Lahonce, d'Urcuit, d'Urt,

de Labastide-Clairence, de Guiche et de Bardos, produisent d'excellents vins blanc et rouge.

Il en est de même des crûs d'Irouléguy, de Larceveau, de Lantabat et bien d'autres qui réconfortent agréablement l'estomac. Ce sont d'excellents vins que l'on recherche, que l'on demande de tous côtés.

La forêt de Hasparren, celle de St-Pée et le bois de Mixe, sont le rendez-vous pour la chasse au sanglier, au blaireau, au renard, à l'écureuil et au furet, et même au loup pour qui les aime. Les amateurs de chasse trouvent des lièvres et des lapins presque à tout pas.

Depuis la tourterelle jusqu'au héron et à la cigogne, hôtes fidèles des fleuves débordés, on les voit apparaître à chaque inondation; aucun gibier ne manque pour l'agrément du chasseur.

Nos montagnes abritent les aigles et les vautours ; les ours paraissent bien au lointain, vers les hautes cîmes, à l'horizon, mais ils n'osent descendre et s'aventurer aux approches des villages, où ils se sentiraient mal à l'aise.

Les serpents sont très rares et peu dangereux ; les vipères le sont moins, tous les animaux nuisibles fuient ces lieux sentant trop le contraste, à tel point que le chasseur qui a eu la chance de tuer un animal nuisible est riche pour un mois : fier de son butin, on le voit promener la peau du défunt sur ses épaules ; tous les enfants courent et le suivent ; les devants de portes et de croisées sont envahis et tout le monde donne à l'heureux vainqueur, qui pendant ce mois entier se laisse abreuver de vin d'Irouléguy et de liqueur d'Hendaye.

Nous avons cependant une exception : le renard abonde assez, pas précisément autour de nous ici, mais dans l'intérieur des terres. C'est presque un privilége, car si ce carnassier fait quelques ravages dans les basses-cours, il contribue à attirer dans notre pays et sur nos plages de riches et généreux gentlemen anglais qui raffolent de lui donner la chasse.

Notre ville de Bayonne, capitale du pays Basque, a de tout; rien ne lui manque, depuis la bijouterie la plus élégante et la plus moderne jusqu'à la saboterie la plus commune, car nous avons des sabotiers : Hasparren a surtout le monopole de la fabrication des petits sabots légers et très-bien confectionnés.

Notre halle est un petit monument : elle est assise au bord de la Nive entre deux ponts. Les quatre ponts élégants qui facilitent la circulation des populations agglomérées sur les deux rives de la Nive, sont tous en pierre, grâce à nos carrières de la Rhune et de Bidache. C'est comme presque sur la Seine à Paris, avec cette différence que vous avez ici un fond de tableau ravissant : les montagnes du pays Basque, plongeant sur la forêt d'Iraty, la plus belle forêt vierge peut-être de France. Le dernier pont dans la direction des montagnes est celui du Génie, ayant à droite la fontaine St Léon, avec les bords ravissants de la Nive et à gauche, l'Arsenal militaire qui est un bâtiment à visiter.

Dans notre halle vous trouverez de tout, des primeurs alors que nos voisins sèment : des cêpes, des oronges, des champignons à leur saison, quelquefois même hors de saison. Nos volières, nos basses-cours, sont riches en produits, à tel point que l'Espagne elle-même devient assez souvent notre tributaire. La foire aux jambons des jeudi, vendredi et samedi saints, est célèbre dans tout le Midi.

La fontaine de St Léon porte ce nom pour perpétuer la mémoire de St Léon, notre patron, qui fut décapité et qui, depuis le lieu de son exécution, marcha, suivant la légende, jusqu'à la dite fontaine, tenant sa tête tranchée entre ses mains. La fête de ce grand saint, qui honore tant notre pays, se célèbre le 1er dimanche du mois de mars par une procession extrêmement touchante et qui attire à Bayonne tous les habitants de la contrée; nos Basques ne font jamais défaut.

Les lacs de la Négresse et de Marion, situés à Anglet, sont l'asile naturel pendant l'hiver des canards sauvages, des bécassines, des poules d'eau, de la sarcelle. Pauvre sarcelle ! qui prête à une controverse religieuse sur ce point de savoir si elle constitue un mets prohibé en carême ? Je déclare mon incompétence. Ces deux lacs, dès qu'ils seront connus, s'ils ne le sont pas déjà, feront fureur dans notre colonie cosmopolite.

Rebroussant chemin dans nos campagnes du pays Basque, nous y trouvons encore des marnières presque partout, pour féconder nos champs ; de la tourbe, espèce de combustible spongieux, pour allumer nos foyers rustiques.

Voilà notre pays Basque, dépeint au point de vue industriel, commercial et pittoresque. Tout le pays est d'une salubrité parfaite ; du reste, pour la moindre affection, le moindre dérangement, nous avons près de nous d'abord et toujours en premier lieu la charmante station de Cambo, avec ses belles allées baignées par la Nive et son sentier ravissant longeant cette même rivière et conduisant au Pas-de-Roland. Ne quittez pas Cambo sans visiter la petite allée de platanes sur laquelle donnent les fabriques renommées de chocolat ; vous y contemplerez un point de vue admirable.

Nous avons encore les eaux d'Ahusqui, où on n'arrive malheureusement à monter qu'à dos de mulet, qui sont très renommées et où l'on fait de nombreuses cures.

La station de Labets-Biscay, modeste et simple, est le rendez-vous de tous les bons propriétaires basques, qui vivent plus heureux dans ce séjour que les rois dans leurs palais.

Nous n'avons ni étangs, ni *marais*; il ne faut pas en parler, à l'exception toutefois des marais du golfe de Gascogne, mais qui ne nous chagrinent nullement par leurs renouvellements périodiques.

Oui, voilà notre pays Basque.

A nous tous ces trésors découverts ; à nous tant d'autres trésors encore enfouis et cachés sous terre.

A nous, ce climat clément et doux, où l'hiver est un printemps, sauf cette année cependant qui nous maltraite exceptionnellement. Bien heureux climat où l'éclosion et la chute des feuilles se succèdent à court intervalle.

A nous, le gracieux ramage de l'hirondelle qui, tout en gardant son nid précieux, garde elle-même le seuil de nos maisons.

A nous, ce ravissant ténor des bois qui, la nuit, charme et berce nos rêveries et salue si harmonieusement notre réveil.

A nous, la blanche hermine dont la robe veloutée réchauffe le berceau de nos enfants.

A nous, les tilleuls et les bosquets fleuris, les haies d'aubépines qui parfument nos sentiers.

A nous, le murmure des cascades s'harmonisant avec le chant des oiseaux et avec le bruit cadencé de la vague.

A nous, les ruisseaux, les torrents, les fleuves serpentant et miroitant dans nos vallées et nos forêts.

A nous, les beaux mirages qui reflètent parfois nos falaises et nos montagnes.

A nous, le beau soleil levant et le beau soleil couchant entouré de sa pourpre, de sa parure diamantée et de ses majestueux éclairs.

A nous, quand la nuit est sombre et que l'orage gronde, la mer phosphorescente avec ses ricochets de flamme que trace le poisson qui sautille, avec ses sillons lumineux que la barque du pêcheur ouvre sur son passage, avec ses horizons en feu.

A nous, ce crépuscule silencieux et imagé, interrompu seulement par les chants de nos jeunes Basquaises et les *irrincinas* peut-être de leurs fiancés : chants montagnards plus gracieux incontestablement que ceux de l'Ecosse.

A nous, ces nuits splendides d'été où la voûte du ciel est étincelante de pierreries. Peut-on rêver de plus ravissantes soirées que celles passées sur les bords et sur les sables de l'Océan !

A nous, enfin, partout et toujours l'image, la pensée, la contemplation du créateur de tant de merveilles, et qui a tant fait surtout pour nous.

IV

DE BAYONNE A LA GROTTE D'ISTURITZ

Le voyageur qui part de la gare de Bayonne, pour se rendre à Urt, commence son trajet en traversant un tunnel qui le plonge dans une obscurité profonde.

A peine sorti de ce tunnel et comme pour faire contraste, un paysage admirable se déroule sous ses yeux. C'est, d'un côté, après avoir passé sur le beau pont du chemin de fer jeté sur l'Adour, à droite une longue file de maisons avec arceaux et terrasses, où résident les commerçants en vins de la ville ; en face et séparé par ce beau fleuve l'Adour, c'est la prison de la ville et à côté l'abattoir, bâtiment simple, mais bien aligné, et au fond de ce tableau, le pont du St Esprit, encadré entre des villas élégantes, les Allées-Boufflers, où se trouve l'école de peinture dirigée par un artiste de mérite, M. Zo, intéressante à visiter ; à ses pieds le charmant jardin public, et comme fond de tableau, l'hopital militaire de la place, un des plus beaux hopitaux peut-être de France ; à quelques pas plus loin, un monument, œuvre de Vauban, le Réduit avec son jardin et ses terrasses, limite qui sépare la ville de ce quartier aujourd'hui annexé qu'on appelle Saint-Esprit, qui possédait avant la création du chemin de fer une source excellente et recherchée. Le voyageur qui traverse ce pont la nuit est ébloui par la vue de ces nombreux candélabres fixés au pont et dont la lumière se projette sur le fleuve ; sa première impression est qu'il rentre dans une grande ville.

A gauche du pont de l'Adour, le voyageur embrasse d'un regard les hauteurs de Saint-Etienne. C'est sur ces hauteurs que, le 14 avril 1814, se livra un terrible combat entre la garnison de Bayonne et le 3e régiment des gardes de l'armée anglaise. Plusieurs officiers de cette nation succombèrent dans cette lutte héroïque ; leurs restes reposent aujourd'hui sur ce même terrain qui les vit tomber. Un petit sentier conduit à cet enclos entouré d'un mur, c'est le *cimetière des Anglais*. On y voit plusieurs monuments funèbres que des mains pieuses et amies y ont élevés pour honorer la mémoire de ces braves soldats et perpétuer, avec leurs noms inscrits sur la pierre, le souvenir de leur courage et de leur mort glorieuse.

Sur ces mêmes hauteurs, s'élève aussi le splendide château de Caradoc, où vint poser sa tente, il faut voir quelle tente, un des gentilshommes les plus hauts placés dans l'aristocratie anglaise, lord Howden. Après avoir fait le tour du monde en prince, il ne trouva rien de plus beau, rien de plus gracieux que ce site pour s'y reposer et y finir ses jours, répandant des bienfaits autour de lui. Sur la même colline se trouve une série de villas élégantes, faisant assaut de coquetterie entr'elles ; et puis, si le touriste abaisse son regard, il voit les rives charmantes de l'Adour, bordées d'autres villas qui rivalisent encore de grâce et d'attrait.

Puis, tout à coup, le train s'engouffre encore sous un tunnel obscur ; mais bientôt la clarté succède à l'ombre, et c'est pour être charmé encore davantage par l'aspect du ravissant tableau qui se dégage à ses yeux. Autant de contrastes pour mieux admirer le riant paysage qui s'épanouit devant lui. Les hauteurs de Saint-Pierre d'Irube, charmante petite localité où les villas éparses ressemblent à des aérolites, à des bijoux détachés du ciel; puis, sur la hauteur à gauche, apparaît la croix de Mouguerre, d'où la vue embrasse le panorama de tout le pays, fleuve, vallées, une ville séduisante avec les hardis clochers de sa cathédrale, les clochetons de l'église Saint-André et sa belle citadelle — *numquàm polluta* —; partout les montagnes, et, derrière une forêt toujours verte, l'Océan dans toute sa majesté.

Après cela arrivent, se succédant les uns aux autres, les côteaux verdoyants et semés d'accidents, les carrières de plâtre, de marne et de pierres de Lahonce et d'Urcuit; sur la rive opposée, son regard est aussi émerveillé.

L'éclair n'a pas une marche plus rapide ! le chemin de fer vous emporte et l'on regrette de ne pouvoir admirer tout ce qu'il y a de gracieux et de coquet dans ces paysages, si pleins de lumière et de fraîcheur.

Nous voilà à Urt, site charmant rempli de bosquets, de côteaux et de fleurs. Le voiturier Pillou ou Bordachoury, à qui vous aurez fait une dépêche à Labastide-Clairence, vous attend à la gare ; il vous prend et avec lui vous gravissez par une pente douce la côte de la gare, d'où le regard plonge sur un panorama digne du pinceau d'un grand peintre. A vos pieds, le beau fleuve l'Adour, les belles plaines, les beaux champs de St Barthélemy et de St Laurent. Au bord de l'Adour, des villas, des châteaux à l'édification desquels une fée a dû présider.

Le voyageur, amateur des beaux sites et tant soit peu intelligent, aime à se rendre compte des choses qu'il voit, des lieux qu'il parcourt. Sa curiosité est constamment en éveil ; presque à chaque pas qu'il fait, il demande au premier passant : — « Que vois-je là-bas ? » Arrivé à Urt, au sommet du chemin qui conduit à la gare, cette interrogation s'impose à tout excursionniste de bon goût.

—Quelle est donc cette immense plaine qui, commençant au fleuve, se perd à l'horizon ? Ces nombreux clochers qui s'échelonnent prouvent que ces plaines sont habitées; tous ces champs, tous ces prés me paraissent pleins de vigueur, de fraîcheur ! Quel est donc ce beau pays, mon brave homme ?

— C'est le département des Landes, département remarquable par ses nombreuses illustrations, généraux, amiraux, orateurs célèbres de la chaire. Dans ces belles plaines que vous voyez, on trouve tout ce qu'il peut y avoir de grand, de noble, de puissant en un mot.

Certes, il y a bien autre chose que du sable, du liége et du pin. Vous devez avoir entre vos deux rives des voies de communication. Dites-moi donc où est le pont qui relie vos deux départements ?

Je suis tenté, à mon retour, d'aller visiter les Landes.

— Ah! monsieur, vous aurez une jolie trotte à faire : que ce soit par Bayonne ou par Peyrehorade, votre parcours sera de 50 kilomètres au moins.

— Comment! vous n'avez donc pas de pont depuis Bayonne jusqu'à Peyrehorade?

— Hélas! non, monsieur le voyageur.

— Mais c'est impossible ; vous ne marchez donc pas avec le siècle. Cependant, je puis constater les progrès du pays en fait de voies de communication et de ponts. Ainsi, sans aller plus loin, j'étais hier à la grotte de Sare, dans la direction de Saint-Pée-sur-Nivelle, eh! bien, sur cette rivière, qui est un ruisseau par rapport à votre fleuve, j'ai vu quatre ponts. La semaine dernière j'ai fait la promenade du Pas-de-Roland, et j'ai pu en compter six sur la Nive, dûs presque en entier à l'initiative et à l'entente généreuse des habitants. Et vous autres, sur l'Adour, sur un parcours de 40 kilomètres au moins, vous seriez réduits au rôle de plongeur et de nageur pour vous donner la main et échanger vos produits? Vous n'êtes donc pas aussi riches que vous paraissez l'être.

—Les millionnaires abondent presque chez nous ; nos propriétaires roulent carrosse.

—Vous en êtes donc réduits à un bac, condamnés à traverser le fleuve dans une gondole ou un couralin?

—Hélas! oui ; mais qu'est-ce qu'un bac? Un équipage composé d'un seul homme, qui n'est pas toujours là pour vous passer d'une rive à l'autre. Et puis, tantôt le vent souffle avec force, l'obscurité est grande et le courant rapide, on est forcé d'attendre ; on ne peut donc compter sur un bac.

—Mais vous n'avez donc pas de grands personnages qui, par leur influence et leur autorité, pourraient faire quelque chose?...

— Bon Dieu, nous avons eu tout ça ; il nous reste encore quelque chose. Depuis le sénateur jusqu'au maréchal de France, rien ne nous a manqué.

— Et après tout cela vous n'avez pas de pont? L'esprit d'association n'est donc pas parvenu jusqu'à vous. Avec cela on fait des merveilles, on perce le mont Cenis, l'isthme de Suez, on jette des ponts sur le Niagara.

Le moindre amateur trouve 50,000 fr. pour construire un simple chasse-marée.

— Ah! Monsieur, si vous connaissiez encore bien notre pays. Nous avons des foires et des marchés, de vrais concours régionaux qui doubleraient d'importance avec le raccordement. Nous avons de part et d'autre des établissements thermaux qui prospèrent sans doute, mais qui prospèreraient encore bien davantage s'ils pouvaient se donner la main.

— Comment ! et entre millionnaires, propriétaires, communes riches, population aisée et industrielle vous ne feriez pas tous réunis en société, une dépense de 50,000 francs ? car votre dépense n'ira pas plus loin en comptant les subventions départementales et celle de deux départements riches qui, voisins l'un de l'autre, vivent séparés comme si un Océan les divisait.

Cet état d'isolement ne saurait subsister plus longtemps ; un pont vous est indispensable, et il se fera, pour peu que les conseillers généraux des deux départements s'en mêlent et que les maires et les conseillers municipaux des communes voisines se mettent d'accord. Il n'est pas possible que le concours de toutes ces volontés poursuivant un but si utile ne triomphe de tous les obstacles, et que vous ne soyez bientôt dotés de cette voie de communication, reliant dans l'intérêt de tous, les deux rives si riches de l'Adour.

— Cocher, en route pour la grotte d'Isturitz.

Le voyageur traverse ensuite la grande place d'Urt avec ses belles allées de platanes, ses maisons simples, à l'exception cependant de quelques-unes qui sont élégantes, toutes d'une propreté remarquable. Quelques instants après, vous voilà au grand bois communal d'Urt, forêt qui enrichit la commune et réjouit tous les chasseurs, amateurs surtout de bécasses et de poules d'eau. D'un bond, vous arrivez à la route départementale de Bayonne à Bardos ; vous suivez cette route, laissant à votre droite une tuilerie aussi fournie de matériaux et achalandée que les tuileries de Bidart, où l'on fabrique de plus des pots et des casseroles. Cette fabrique fournit tous les pots du pays, comme Larressore possède le brevet des *makhilas* ou bâtons basques. J'avais oublié dans mon recensement ces trois parties industrielles de notre pays. Je répare encore une autre omission commise dans ma première nomenclature industrielle et commerciale : c'est l'ophyte qui sert à paver les rues et les routes ; pierre très-dure qui se pulvérise et se taille d'une manière régulière au moyen d'une machine à concasser très puissante, à l'aide de laquelle on divise les blocs à mesure qu'on les extrait, ce qui les rend transportables. On les expédie à Bordeaux et dans d'autres villes. L'ophite se trouve à Villefranque ; c'est là qu'on l'exploite.

Quelques secondes après vous trouverez à votre gauche un chemin qui s'ouvre, ayant à l'entrée un poteau portant cette inscription : *Labastide-Clairence*. Vous prenez ce chemin sillonnant, serpentant dans tous les sens et faisant avec la Joyeuse, qui le longe, presque assaut de souplesse et d'élasticité.

A votre droite, le paysage est triste ;

ce sont des landes, des touyars, des broussailles peu agréables à la vue, mais nécessaires pour féconder la terre, et à droite, les eaux de la Joyeuse miroitant partout, et les bosquets d'arbres se disputant la primauté. Vous apercevez sur un petit monticule, à droite, un monastère ; le clocher qui surmonte son toit vous l'indique. C'est le couvent des Bénédictins, de ces bons religieux qui ont dit adieu aux plaisirs de ce monde pour se consacrer tout entiers à la culture des terres, à l'éducation des petits villageois et à la direction des consciences. C'est une pensée touchante et qui n'existe que dans notre religion.

Vous voilà à Labastide-Clairence, au chef-lieu du canton de ce nom qui réveille de si beaux, de si nobles et de si tristes souvenirs.

La chaste Claire fut la fondatrice de cette ville. Claire était belle, elle était jolie ; tous les charmes de la grâce et de la beauté étaient réunis en elle, mais elle avait par-dessus tout quelque chose qui dépasse la grâce et la beauté : c'était sa vertu. Son innocence ayant été mise en danger, elle s'enfuit d'un village qui s'appelle Rabastens avec toute une colonie qui partageait et défendait sa virginité ; toute cette tribu erra longtemps, afin de trouver un lieu propice pour abriter son honneur. Les bois, les côteaux, le désert, en un mot, lui donnèrent de la confiance et du courage, et c'est là qu'elle posa sa tente, sur une hauteur donnant sur une gracieuse vallée et sur le joli ruisseau de la Joyeuse. Peut-être est-ce Claire qui lui donna ce nom pour perpétuer sa joie, son bonheur de voir sa vertu désormais à l'abri de toute atteinte ?

La situation naturelle de cette localité, aujourd'hui petite ville, est faite pour encourager le commerce et l'industrie. Des israélites vinrent s'y installer ; de tout temps, ils ont eu l'intelligence des affaires. Il y avait des forêts, des prairies, des cours d'eau qu'il fallait utiliser. Bref, une colonie israélite s'y établit ; elle s'est éteinte ; mais le cimetière existe encore, et des maisons portent même aujourd'hui les noms de Judas, Abraham, Jacob, Iscariote, David, Barrabas ; je me trompe, Barrabas est aujourd'hui à Bidache. A la louange des israélites, je dirai qu'ils conservent le culte des morts, et ce champ du repos est encore entretenu par eux ; mais le temps, qui est un vandale de la pire espèce, finira bientôt par tout faire disparaître.

Le voyageur visite l'église, qui est très-simple, mais très-jolie, ayant le cachet des églises basques, quoiqu'on y soit gascon. Les hommes, à l'église, dans le pays Basque comme à Labastide-Clairence, se garderaient bien de s'approcher des femmes. Ils ont leurs places réservées dans des galeries étagées autour de l'enceinte.

Chaque Basque, comme chaque Bastidot, a le chapelet entre les mains et lui fait subir durant les offices un grand nombre d'évolutions en baisant de temps en temps ses deux pouces placés en croix. Et si vous pouviez découvrir sa poitrine, vous y verriez un scapulaire, précieux talisman avec lequel il brave tous les dangers.

A la fin de la messe, chaque fidèle aux galeries salue respectueusement son voisin. Seriez-vous entre deux de vos ennemis, que vous devriez incliner la tête devant eux. Une messe entendue avec recueillement devrait toujours faire oublier les rancunes et donner la paix du cœur.

Vous descendez après cela à la place de la ville formant un grand carré, où se trouvent à droite et à gauche des arceaux calqués sur le modèle des arceaux de Rabastens, lieu d'origine de Claire et qu'elle avait abandonné. La place et la rue perpendiculaire qui s'annexe à elle forment une immense croix ; cette place est échelonnée de simples, mais jolies maisons, où l'harmonie et la paix règnent, parce qu'on y a la paix de la conscience et du cœur. Des côteaux, des monticules entourent la ville qui forme un immense nid au milieu du feuillage et de la verdure ; puis vous continuez la route qui conduit à la grotte d'Isturitz, l'objectif de votre promenade. A peine avez-vous quitté la ville qu'un gracieux vallon arrosé toujours par la Joyeuse et protégé par des côteaux couverts de pampres, de peupliers et d'arbres fruitiers, s'offre à vous. Vous suivez ce chemin qu'ombragent des haies élevées, toujours suivi par ce cours d'eau limpide où l'on pourrait faire des merveilles avec des capitaux intelligents, sans mettre en ligne de compte le fameux schiste prophétisé et découvert par le célèbre abbé Richard.

Puis, après une demi-heure de marche, qui a fui comme une ombre, la rivière de l'Arberoue commence ; la rivière change de nom, en traversant le beau village d'Ayherre, riche par sa culture et son industrie que nous avons fait déjà connaître, par ses marrègues, son bétail et ses marrons, et riche surtout par la fertilité de ses champs et par la bonté de sa population.

Voyageur, qui que vous soyez, quelque religion, quelque foi politique, quelque nationalité que vous ayez, ici inclinez-vous, la vallée et la montagne se couvrent d'un voile lugubre, le cœur ici pleure et se sent déchiré.....

V

RUINES DU CHATEAU DE BELZUNCE

La petite cascade du moulin d'*Eyherareka* et le modeste pont jeté sur l'Arberoue forment de ce côté-ci la limite séparative des communes d'Ayherre et d'Isturitz. Avant d'arriver à la cascade et longeant toujours la route de Labastide-Clairence à la grotte, vous trouvez à votre droite un monticule s'élevant graduellement, une espèce de mamelon vert bien défini par cette désignation.

Quel est ce monticule? Quel est donc ce mamelon vert? Rappelle-t-il quelque souvenir? Si le touriste écoute, il entendra, soit que la tempête gronde et que le vent mugisse, soit que la brise murmure, ces grandes et douces voix de la nature lui répéter à l'envi : Ah ! oui, ce mamelon vert évoque un souvenir, et suave et béni.

Aussitôt l'imagination frappée se recueille. Sont-ce les assises d'un vieux château détruit, les ruines d'une tour antique ou d'un donjon féodal? se dit-elle. C'est tout cela peut-être ; mieux encore, c'est le berceau d'un homme qui certainement fut illustre, et qui fut avant tout un saint, un ange de la terre. Ecoutez plutôt :

Un jour, un voyageur de renom gravissait par un chemin tout tracé ce tertre, gracieux à la vue ; mais à mesure qu'il avançait, quelque chose de triste, de noir, enveloppa son être. Chose étrange et dont il ne se rendait pas compte, il lui sembla que les marguerites des champs n'avaient pas leur blancheur ordinaire, que le ciel se voilait et se faisait plus sombre ; le vol ras de l'hirondelle le faisait tressaillir, le chant des oiseaux ne lui paraissait pas avoir la même mélodie ; les arbres n'avaient plus pour lui la même verdure, les fleurs le même parfum. Un vautour qui planait sur sa tête semblait être la sentinelle vigilante préposée à la garde de ces lieux et le faisait frémir. Pourquoi cette sorte de frayeur, cette appréhension instinctive, ces pensées qu'on ne saurait définir, qui font frissonner et qui plaisent à la fois ! Suivons le voyageur. Pensif, il montait toujours, il atteignit le faîte : là, comme accablé sous le poids d'une vive émotion, ou d'un trouble involontaire, il s'arrêta et se sentit fatigué. Cependant, excité, sans doute, par le désir de rompre ce charme, il ne s'assit point : il chercha des yeux un toît sous lequel il put reposer un instant, ou plutôt trouver, en interrogeant, le secret de ses impressions.

Tout près, bien près, il aperçut comme entre deux ruines une petite ferme qu'il n'avait pu distinguer encore, voilée par un épais rideau de lierre. Il savait qu'en ce pays, qu'il explorait pour la première fois, l'hospitalité se donne. Il avança donc, mit le pied sur le seuil de la porte entr'ouverte. Craignant que la maison ne fût déserte, il jeta dans l'intérieur un regard discret. Il vit, spectacle bien fait pour émouvoir noblement une âme, il vit, dis-je, près du foyer une femme avancée en âge, sur les genoux de laquelle un enfant de douze à quatorze ans avait posé ses mains jointes. Les pas du voyageur n'avaient pas été entendus. Il prêta l'oreille et surprit le colloque et le récit qu'on va lire. Il écouta jusqu'à la fin, car dès les premiers mots il avait jugé qu'il pouvait tout saisir : il ne voulut pas entrer, du reste, de peur d'interrompre un entretien qui commençait. Aussi bien il était tranquille, sa présence ne pouvait être trahie; dehors, tout se taisait ; dedans, on ne paraissait exister que pour raconter et entendre.

— Grand'maman, dit le petit-fils, dis-moi aujourd'hui des contes d'autrefois ; tu sais, j'aime tes vieilles histoires ; elles me font tant de plaisir, et puis tu les dis si bien. Allons, je t'en supplie, parle, je te promets de tout retenir et d'être bien sage.....

— En effet, répondit la bonne vieille, je possède quelques anecdotes, tu en connais déjà plusieurs ; mais il m'en reste encore quelques autres; ceci ne doit point t'étonner, car à mon âge on a vu et recueilli bien des choses. En te disant les légendes que tu préfères, je crains sans cesse de troubler tes nuits, alors que je voudrais que ton sommeil ne fût que le rêve d'un ange. Cependant, comme tu as cueilli ce matin pour moi un bouquet sur le mamelon vert, je vais te narrer une histoire touchante qui s'y rattache. Je la tiens de ma mère morte à quatre-vingt-dix ans; elle en avait été le témoin.

Le voyageur retint son haleine.

—Eh ! bien, donc, mon enfant, un terrible fléau s'abattit un jour sur une, des principales villes de France. C'était vers 1720, si ma mémoire est fidèle : la peste, ce mot seul fait frémir, la peste, dis-je, désolait Marseille. La contagion avait attaqué de préférence les enfants, les femmes, les indigents; sa violence était inouïe; les constitutions les plus fortes n'y échappaient point; presque tous étaient atteints; on voyait s'agiter dans les rues, plutôt que des êtres humains, de sinistres fantômes, les uns au visage livide, les autres aux traits enflammés ; ici un morne silence, là des cris épouvantables; ceux-ci mouraient frappés d'une stupeur invincible, ceux-là d'une atroce frénésie ; quelques-uns roulaient des yeux languissants et mornes ; le plus

grand nombre, des regards de fureur et
d'épouvante ; les remèdes étaient impuissants, les médecins dévoués devenaient victimes ; les prêtres, une armée
de prêtres, mon fils, les prêtres se multipliaient ; providence des malheureux,
ils allaient, venaient, portant partout
avec les consolations de la terre, l'espérance du ciel, mais ils succombaient à
leur tour ; pour enrayer le mal, des bûchers immenses étaient embrasés autour
de la ville, dans les rues spacieuses et
sur les places publiques ; mais cette universelle conflagration par un soleil brûlant redoubla les ravages. Les parents
se faisaient horreur ; croyant respirer
un peu d'air, la plupart des gens quittaient leur demeure. Hélas ! l'atmosphère
était de feu ; ils couraient affolés. On
n'entendait que lamentations, gémissements, cris de désespoir. La mère éperdue réclamait la fille qu'elle avait abandonnée ; le fils lui-même abandonnait

père, frère, sœur; tous se fuyaient, se cherchant, s'appelant et dans un affreux délire, connus ou inconnus, tous se rapprochaient et se précipitaient les uns contre les autres, réclamant des secours. C'était le comble de la souffrance, le paroxysme de la douleur, l'image sinistre de la désolation. La mort était partout, partout sa présence hideuse ; les cadavres jonchaient le sol, les maisons en étaient pleines, le nombre croissait sans cesse. On ouvrit les galères : les forçats furent employés aux ensevelissements, les fosses communes et les vastes réceptacles se comblaient instantanément.

Ceux qui avaient gagné le toît des maisons ou qui s'étaient retranchés sur les navires ne furent pas épargnés : l'air, l'eau, la mer étaient corrompus.

Sur certains points il existait des charniers mouvants, sorte de volcans pestilentiels formés par des amas de corps qui pourrissaient depuis plusieurs semaines.

— Bonne maman, interrompit l'enfant, le ciel, n'est-ce pas, avait épargné mon aïeule ?

— Oui, mon enfant, elle avait beaucoup souffert, mais aussi beaucoup prié !...

L'enfant tomba à genoux...

— Merci, mon Dieu, s'écria-t-il...

Il se releva et remit ses mains jointes sur les genoux de sa grand'mère...

— Tout cela est horrible, dit-il, mais je désire la fin ; continue, bonne mère.

Comme tu peux le penser, cher enfant, tous les vivants étaient plongés dans une douleur profonde. La cité, encombrée de mille morts par jour, pensa toucher à sa fin. J'ignore quel avait été son crime ; mais sans doute le châtiment, les prières et les larmes avaient apaisé la justice divine, puisque le ciel daigna dans sa clémence envoyer un sauveur, un ange sous la forme d'un homme... Cet homme habitait en ce moment un palais, le palais de nos rois. La douceur de son caractère, le charme de son esprit, la sagesse de ses conseils lui avaient conquis tous les cœurs et assuré une légitime influence. Cependant il ne se trouvait pas heureux : de funestes pressentiments avaient assailli son âme, il désirait partir. Alors, mon fils, ce n'était pas comme à présent : chaque siècle, chaque époque marque son progrès, il faut du temps pour mieux faire, le mal seul marche à pas de géant; alors on voyageait lentement ; aujourd'hui il n'existe plus de distances: dans une journée on peut aller d'un bout de la France à l'autre, aussi bien de Marseille à Paris. Plusieurs jours s'écoulèrent avant que la capitale apprît l'effrayante nouvelle, mais enfin elle arriva.

L'homme que la cour veut s'attacher et vénère est informé; il apprend que la ville confiée à sa sollicitude est dans la mort et les pleurs. Il n'a plus ni trêve, ni repos ; en vain, connaissant l'ardeur de sa charité, ses amis se pressent autour de lui ; en vain on lui expose qu'il court à une mort certaine ; qu'importe tout cela ! Que lui font les sollicitations, les plaisirs, les honneurs, les fêtes ! Il répond aux importuns : « *Le bon pasteur donne sa vie pour ses brebis.*» De quelle utilité leur serait la mienne, si je ne pouvais la leur sacrifier ? Rien donc ne l'arrête : il lui semble entendre les cris de désespoir de son troupeau ; il part, il vole, il harcelle les conducteurs, leur fait tour à tour des promesses et des supplications ; il leur fait exciter les chevaux qu'il trouve lents à son impatience ; il veut devancer le temps, parcourir en douze heures l'intervalle d'une journée ; s'il s'arrête, c'est pour aller plus vite, pour activer la besogne, organiser utilement la défense en requérant en tous lieux des bras, des tombereaux, des attelages. A mesure qu'il avance, les obstacles se multiplient : l'épouvante générale a donné naissance au plus monstrueux des forfaits : la panique est exploitée, les routes ne sont pas sûres, des bandits les occupent ; il passe cependant, porté sur les ailes du dévouement et de la foi. Il approche : un cordon sanitaire environne la contrée ; il paraît infranchissable, il le franchit. O prodige ! Il a dévoré l'espace, rien ne semble avoir pu l'annoncer ; toutefois la ville attend le libérateur, elle sent qu'il est près. Il arrive, et déjà les églises sont ouvertes, les cloches sonnent à toute volée. Il est là, il met pied à terre, et levant vers le ciel ses bras et ses yeux pleins de larmes :

— Merci, mon Dieu, dit-il, merci de la part que vous m'avez faite ; je suis avec les miens, les malheureux sont mes enfants, bénis soient-ils. Oh ! je vous en supplie, mon Dieu ! fécondez la bénédiction que je leur donne, qu'elle s'épanouisse en fruits abondants de grâces et de salut. Bientôt, il voit se ranger autour de lui une nouvelle légion de prêtres ; d'où viennent-ils ? des pays environnants, ils ont franchi eux aussi le cordon sanitaire ; animés d'un saint zèle, ils ont trompé la vigilance des gardiens, se sont jetés dans le Rhône qu'ils ont traversé à la nage : les voilà.

Suivi de ce cortége qui souvent vient affronter la mort, il pénètre dans le cœur de la ville, il est au milieu des pestiférés ; à sa vue l'espérance semble renaître, la tristesse s'enfuir, le désespoir se consoler ; le courage des mourants se relève, de saints cantiques emplissent les airs ; c'était, me disait ma mère, un spectacle vraiment digne de fixer les regards de la terre et du ciel ; on songe d'abord à enlever les cadavres sans nombre qui jonchent le sol, les gens préposés à ce travail hésitent, ils en ont tant vu mourir ! eux-mêmes ont tant souffert ! Aussitôt le pieux pasteur se met à l'œuvre, aidé de ses coopérateurs, il charge le premier tombereau, monte dessus et le conduit. Cet exemple électrise, on ne tremble plus, les courages s'exaltent, chacun fait assaut de diligence et d'énergie. Bientôt, nouveau Borromée, il porte à tous des secours et des consolations ; il soutient par son élan et sa parole, il est partout où le besoin l'appelle, dans la rue, dans la mansarde, il prodigue au corps et à l'âme le viatique nécessaire.

Par lui, le cri de désespoir arraché par la souffrance expire sur les lèvres pour faire place à des actions de grâces. Il pousse le dévouement jusqu'à l'héroïsme, son courage ne connaît pas la fatigue, la maladie, la mort.

Au milieu des soupirs qu'il étouffe, ange de la terre, il veut faire une sainte violence et invoque Dieu ; il s'adresse au ciel.

Il fait dresser un hôtel sur la place, il s'y rend en procession, la corde au cou, suivi de son clergé, des magistrats et des fidèles qui respirent et marchent encore. Là, sous les vents et le soleil de Dieu, il voue au Sacré-Cœur de Jésus le reste de ses ouailles. Le succès couronna sa prière, pas un malade de la cité ne mourut : successivement, tous revinrent à la vie. Depuis, son existence n'a été qu'une longue abnégation, qu'une éternelle sollicitude pour l'ouvrier, le pauvre et le pêcheur. A son tour, la ville de Marseille se montra belle de reconnaissance et d'amour ; elle lui érigea sur le cours auquel elle donna son nom une magnifique statue autour de laquelle se presse tous les ans, en mémoire de la délivrance, avec des guirlandes et des fleurs aux mains, une foule pieuse et recueillie..

Tu le vois, mon enfant, il est impossible

de parler de la charité sans que ce nom béni ne revienne à la pensée, imposant ainsi le respect et l'admiration. Non, la ville de Marseille ne l'oubliera jamais ; elle a trop de cœur, elle a de trop beaux sentiments ; oui, elle sera jalouse de prolonger dans les siècles l'écho de tant de vertus.

— Bonne maman, tu n'as pas encore dit son nom.

— C'était Monseigneur de Belzunce.

— O mère, tu me ravis ; mais ne m'as-tu pas dit en commençant que cette histoire si navrante au début, si radieuse à la fin, se rattachait à notre mamelon vert ?

— C'est vrai, mon enfant, je ne l'avais pas oublié ; sache donc que la maison qui nous abrite a été bâtie avec les pierres que le temps a détachées des ruines qui gisent à nos côtés, ces ruines furent autrefois un château magnifique et ce château fut le berceau des ancêtres de cet apôtre, de ce héros de la charité, dont je viens de te dire imparfaitement la grandeur et les merveilles.

Aussi, quand le Basque au cœur généreux passe devant la statue de son compatriote qui s'élève encore sur une des plus belles places de Marseille, il s'incline, se découvre avec respect et salue l'image de ce Bayard de la charité ; quand il relève la tête, il pense à son pays ; qu'il soit ouvrier ou soldat, il se sent retrempé et plus fort pour accomplir courageusement son devoir ou sa tâche.

La grand'mère avait cessé de parler, elle était émue, le petit-fils versait de grosses larmes, mais des larmes d'orgueil et de bonheur.

Le voyageur attendri était encore sur le seuil de la porte, il n'osa pénétrer, il amortit ses pas sur le gazon discret et regagna le sentier qu'il descendit en répétant tout bas : Pourquoi serais-je entré? mes sanglots m'auraient rendu muet, mes pleurs auraient trahi la faute commise. Pourquoi troubler la foi, la paix de cet asile? La sainte femme regarde la tombe, j'aurais hâté sa mort, l'enfant s'ouvre à peine à la vie, j'aurais peut être brisé son jeune cœur ; mon Dieu, qu'ils ignorent tous deux et toujours que de pauvres égarés, dont les ancêtres ont été protégés par sa charité, ont osé porter une main sur cette image du héros.

Il comprit alors son trouble de tout à l'heure, il s'expliqua pourquoi la marguerite n'avait plus la même blancheur, les arbres et les fleurs la même verdure et le même parfum, les oiseaux la même mélodie, pourquoi le ciel plus sombre, pourquoi le cruel vautour. Ce voyageur était un digne fils de la noble, de la belle, de la religieuse Provence, et il se dit à lui-même, que seule notre religion était capable d'inspirer une abnégation aussi sublime, un dévouement aussi héroïque.

VI

LA GROTTE D'ISTURITZ

Sur les premiers gradins de la montagne *Gasteloumendia* (*), au pied de laquelle s'étend la fertile vallée d'Arberoue, à quelques pas du village d'Isturitz, se dresse, menaçante, une vieille tour romaine, noir géant de pierre que le temps a laissé debout.

Au-dessous de la sombre ruine s'ouvre, couronnée d'une guirlande de fleurs et de lierre, l'entrée d'une grotte. On y descend par dix marches humides, à la lueur vacillante de torches qui laissent

---
(*) Montagne de la prison.

entrevoir des têtes grimaçantes, sculptées dans le roc par le ciseau capricieux de la nature. Le visiteur qui s'engage dans le ténébreux labyrinthe est saisi d'une émotion profonde. L'eau, en s'infiltrant pendant des siècles à travers la voûte supérieure, a cristallisé de gigantesques colonnes, ornées de draperies étranges et festonnées de bizarres arabesques. On y voit, couchés dans un repos éternel, des blocs cyclopéens pareils aux sphinx de la Haute-Égypte, et sur lesquels semblent avoir été gravées les mystérieuses figures des hiéroglyphes antiques.

Il faudrait le pinceau de Rembrandt pour retracer les effroyables beautés de ce palais souterrain, dont une triple rangée de nains et de géants de pierre garde les longues galeries. Les oiseaux de nuit ont suspendu leurs nids aux parois de cette noire caverne et l'on entend parfois, dans le silence, le battement monotone de leurs ailes et leur cri aigu et sinistre.

On est souvent obligé de ramper pour parcourir les innombrales détours de la grotte immense et pour mieux voir les stalactites suspendues à la voûte. Le son y est répercuté par les milles échos de la montagne ; on dirait que les génies de la terre y répondent de leurs voix railleuses ; puis, le silence se fait et le palais fantastique apparaît dans sa solennelle majesté, éclairé par la flamme rougeâtre des torches de paille que le guide tient allumées. Alors, pendant un instant, le regard embrasse l'ensemble du plus bizarre des musées : en présence de ces merveilles, auxquelles la main de l'homme est étrangère, le visiteur reste muet, saisi, tant son admiration est grande.

Lorsqu'on sort de la grotte, le ciel semble plus pur, l'air plus tiède. Un souffle léger agite à peine les feuilles des noyers qui croissent au pied du souterrain. La vallée apparaît alors comme encadrée par deux collines parsemées de bosquets.

La grotte d'Isturitz, comme les gorges du Pas-de-Roland, est un but d'excursion pour l'étranger venu à Biarritz ou à Cambo. Aucun touriste ne quitte cette partie de nos Pyrénées sans avoir visité ce site sauvage et pittoresque.

Après avoir salué une dernière fois la vieille tour en ruine, le visiteur descend dans la plaine par un sentier creusé dans le roc, au milieu d'ajoncs tout en fleurs. La blanche église du village se présente bientôt à son regard, dans sa simplicité rustique, avec son modeste clocher en forme de pyramide, au centre duquel la cloche se détache dans une niche à jour.

Elle a ce cachet de style composite que l'on chercherait vainement dans les églises des autres contrées. L'art moderne s'y allie à l'architecture du passé, et lorsqu'on entre dans le sanctuaire, le calme religieux que l'on y trouve transporte bien vite l'âme loin des sphères tourmentées d'ici-bas.

Autour de la maison de Dieu s'étend le champ des morts ; la verdure et les fleurs y voilent les tristes nudités du tombeau ; tout y respire un parfum de suave piété ; les croix de bois inclinées sur les tombes comme pour les bénir ; les grands saules qui semblent pleurer ceux qui dorment sous leur tranquille ombrage ; les touffes de roses et d'immortelles qui s'entrelacent aux bras de la croix ou qui, effeuillées, diaprent ces pierres tumulaires, tout dit bien hautement que les Basques savent garder pieusement le souvenir de ceux qui ne sont plus.

Le dimanche, au sortir de la grande messe, la veuve vient prier sur la tombe de son époux, l'enfant sur celle de sa mère, la mère sur la croix qui protège la dépouille mortelle de son enfant. Dans le pays Basque, quand la mort est venue faire un vide dans une maison, un des membres de la famille accomplit chaque jour, durant la première année, un pèlerinage pieux à l'église de la paroisse, où une messe est célébrée pour le repos de l'âme du parent regretté.

Le jour des funérailles, le premier voisin porte la croix en signe de deuil ; un silence religieux règne dans tous les rangs pendant cette marche lente et recueillie. On y voit les hommes drapés dans un manteau de couleur sombre ; les femmes s'enveloppent dans les vastes replis de leur cape noire. A l'église brûlent dans de petites corbeilles d'osier des cierges de cire jaune ; les vapeurs de l'encens remplissent le temple, et chaque assistant, à un moment donné, va déposer entre les mains du prêtre le don d'une messe qui sera dite pour l'âme envolée

Touchant et pieux usage qui n'existe plus que dans notre vieille Ibérie, dernière larme, dernière prière de l'âme qui reste pour l'âme qui s'en va !....

. . . .
. . . .

Le voyageur, après avoir visité la grotte et la modeste église du village d'Isturitz avec le champ des morts qui l'entoure, se trouve dans l'embarras, l'hésitation. Ira-t-il à droite ? prendra-t-il à gauche ? perplexité étrange laissant dans le parcours de tout notre pays toujours un regret. Si je prends à droite, que de jolies choses à gauche ; si je prends à gauche, que de jolies choses à droite. On voudrait tout voir à la fois si c'était possible ; mais cependant, il faut le dire ici, ce n'est pas le cas. Pas de règle sans exception, pas de Thébaïde sans oasis.

En sortant de l'église, en face de lui, le voyageur trouve à droite un chemin qui le conduit à la route départementale de Hasparren à St Palais ; s'il prend à gauche de cette route, il aboutit et s'arrête à Méharin, limite de l'arrondissement que nous avons à cœur de faire connaître, commune riche en pâturages et en forêts, possédant un château avec tourelles, ayant aussi appartenu à la famille de Belzunce, gloire de notre pays.

Dans le voisinage de cette même commune campent des rôdeurs de nuit faisant partie d'une tribu de Bohémiens.

Les Bohémiens, race proscrite, ennemie de toute civilisation, se rencontrent dans les contrées les plus désertes du pays Basque. Leur taille élancée, leurs yeux noirs et leur teint olivâtre, rappellent le type des races orientales. Cependant, nul ne sait d'où ils viennent. Voleurs, dissolus, féroces, ils ont tous les vices de l'état sauvage sans aucune des qualités généreuses qui distinguent le

Cafre ou l'Indien. Ils voyagent par bandes, laissant à peine reposer leurs tentes, et vivant de pillage et de rapines. Leur naissance et leur mort sont enveloppées de mystère. Personne ne peut indiquer la tombe d'un Bohémien.

Si le voyageur, arrivé à la route départementale de Hasparren à St Palais prend à droite, il traverse une partie du village de St Martin d'Arberoue, dont il a déjà passé le bourg en venant d'Isturitz à la route départementale sur laquelle se trouvent les ruines du château de Girardin.

Le voyageur enfin arrivé à la route départementale, traverse Bonloc, Hasparren ; puis, à deux kilomètres de distance environ, il voit un poteau bleu à gauche portant l'inscription de Cambo : il croit à un rêve tant le charme qu'il éprouve est grand. Mais un autre jour nous reviendrons à ce tableau, et rabattons-nous sur Isturitz, où l'on prend un chemin à l'état d'enfance encore, où le piéton et le cheval seuls peuvent passer, mais encore pendant l'été, car l'hiver il est impraticable. Il est tracé au milieu des touyas et des broussailles, des genêts et des ronces. C'est un désert.

Tout ce désert a une teinte de tristesse, on dirait qu'un voile gris le couvre. Les noms seuls des maisons éparses par-ci par-là l'assombrissent. Quelle est cette maison au loin? C'est le *Sahara*. Quelle est cette autre dans le bas-fond? C'est le *Purgatoire*. C'est ainsi qu'en suivant la marche lente et l'on dirait sombre et pensive du Lihoury et de l'Arberoue qui bordent ces sentiers, le voyageur arrive aux ruines du château de Bidache, qui rappellent de beaux souvenirs de grandeur, de hauts faits d'armes et de gloire, mais aussi malheureusement des souvenirs désolants et qui glacent l'âme. On dirait l'ombre des maisons de Sahara et du Purgatoire se plongeant, s'étendant jusqu'au ruines de ce château aux larges embrasures de fenêtres coupées en croix, aux grands locaux recouverts autrefois de tapis et de velours, aux salons parquetés en monnaie d'argent à l'effigie du roi, aux hautes cheminées exhalant le parfum des banquets, le tout aujourd'hui couvert de tuiles, de pierres brisées, de fumier, de crapauds ; ces ruines aujourd'hui sont devenues la retraite du hibou et de l'orfraie, et le lézard s'y glisse à son aise le long de ces grands murs éraillés, tapissés de lierre ; oui, si ces ruines rappellent de beaux souvenirs, elles rappellent aussi un événement bien poignant de l'histoire de la maison de Gramont. Il semble que l'écho de ces grandes galeries désertes profère encore ces paroles lugubres : « Pitié pour ta femme, pitié pour tes enfants, barbare ; tu m'accuses d'adultère, je suis innocente et tu veux me tuer. »

Cependant l'arrêt de mort était prononcé; usant de son droit de seigneur, le duc de Gramont en avait décidé ainsi. Et cependant la duchesse était ravissante, sa grâce et sa beauté s'harmonisaient sans un pli, sans une ombre, avec sa pureté, avec sa vertu. Mais le duc était taciturne, préoccupé, inquiet, agité. Autour de la duchesse, il lui semblait voir des pages, des courtisans empressés, des adorateurs de ses charmes ; son sommeil était convulsionné, et dans un moment de délire et de frénésie jalouse, il jura sa mort. En vain on se mit à ses genoux pour implorer grâce et pitié ; en vain le roi de France lui-même envoya des parlementaires pour fléchir le cœur du suzerain; en vain la duchesse échevélée, se tordant dans sa douleur, gémissant, sanglotant; en vain la pauvre mère, ayant ses enfants enlacés dans ses bras, les couvrant de ses caresses, en vain lui disait-elle : « Voyez, ce sont vos enfants, ils vous ressemblent. Pitié pour eux, pitié pour moi, pitié pour Dieu. » Tout fut inutile, la justice du duc fut implacable, la hache du bourreau eut raison, et quelques instants après ce fut un ange de plus au ciel, un ange de moins sur la terre.

Ceci se passait vers le XIIIᵉ siècle ; depuis cette époque, le château de Bidache a été construit et reconstruit deux fois et deux fois incendié.

Voilà le fait qui attriste les belles pages de l'histoire de la noble famille d'Agramunte, originaire de la Navarre, qui donna à la France des maréchaux illustres et de braves officiers. Les chefs de cette maison princière ont abandonné depuis longtemps le pays. Leur nom est, néanmoins, resté populaire et aimé ; les populations de nos pays ne perdent pas si facilement le souvenir de leurs anciens bienfaiteurs.

Aujourd'hui, une espérance a l'air de renaître : le velours, l'ivoire et le satin vont peut-être chasser ces ruines, l'opulence d'autrefois semble devoir renaître, les pauvres déjà voient un ciel qui les console. Toute la contrée elle-même, orgueilleuse et fière d'avoir de tels ancêtres, salue avec bonheur ces hôtes d'autrefois qu'elle a toujours vénérés, toujours aimés. Si ma plume était indiscrète, tout le bonheur que je veux à mon pays me le fera pardonner : Dieu veuille donc que nous voyons revenir sous notre beau ciel, où l'hiver et le printemps se caressent, où il y a toujours de l'amour dans les cœurs, de la reconnaissance dans les sentiments et de la foi en Dieu, ces gloires d'autrefois qui n'ont rien perdu de leur splendeur par l'éclat qui rejaillit sur elle.

VII

L'ÉMIGRATION DES BASQUES

Le pays Basque est depuis longtemps victime du fléau de l'émigration ; celle-ci, semblable à une terrible épidémie, vide les maisons, décime les villages, et, dépeuplant les campagnes, leur enlève une population saine et forte, intelligente et généreuse ; elle y promène ses ravages incessants : avec la perspective d'horizons merveilleux, elle pousse impitoyablement devant elle, en Amérique, la fleur de la jeunesse basquaise des deux sexes, elle entraîne même souvent des familles entières, enfants et vieillards.

On dirait parfois, à certaines époques, un exode des temps antiques.

Cependant la contrée que les émigrants illusionnés abandonnent est privilégiée de Dieu ; sa main toujours bienfaisante y a répandu avec les charmes d'une belle nature et d'un doux climat, la richesse et la fécondité : plaines et montagnes, collines et vallons, fleuves et ruisseaux, grottes et cascades s'y donnent la main et l'habitant y trouve, par un travail facile, les moyens de subvenir aux besoins d'une vie modeste mais heureuse : *l'aurea mediocritas* tant désirée du poëte s'y réalise même bien souvent pour lui. Sous le ciel de son pays, jouissant des douceurs de la famille, au foyer de ses pères, le Basque peut vivre heureux ; il semble donc que tous ces avantages du sol natal devraient l'y retenir. Mais il a l'âme ardente, la tête exaltée, le cœur ambitieux. De loin en loin, il voit revenir d'Amérique dans son village, quelques-uns de ses anciens amis d'enfance. Partis pauvres, ils lui apparaissent après quelques années d'exil possesseurs de brillantes fortunes. Il les voit se bâtissant de belles demeures sur le lieu même où paraissait à peine avant leur départ le toit de chaume de leurs pères et entourant leur existence de tout le confortable et quelquefois de tout le luxe de la vie moderne.

Ce spectacle enflamme son imagination, son cœur se remplit de désirs insatiables et, comparant sa modeste existence à celle que mène à ses côtés son ancien camarade dont il se croit l'égal, il veut, lui aussi, aller tenter fortune. Il ne sait pas le nombre considérable des vaillants imprudents qui sont restés sur la brèche, dans les pays lointains; il a foi en lui, il espère, il part ; son exemple en entraîne bien d'autres et de tous ceux-là combien peu nous en voyons revenir ?

Sur les terres lointaines d'Amérique, il y a 50,000 basques, les uns riches, les autres dans la misère, mais tous Français de cœur et pleins du désir de revoir leur patrie. Un empêchement indépendant de leur volonté leur en ferme les portes. Partis jeunes de leur pays, ils n'ont pas satisfait aux lois de la conscription et les peines qui les attendent en touchant le sol natal les retiennent à l'étranger. Souvent, à certaines époques, le gouvernement a levé cet obstacle, s'est montré bienveillant envers ces émigrants plus à plaindre qu'à blâmer. Le moment ne serait-il pas venu de rendre à leur patrie tant de malheureux exilés ? Ils reviendraient avec joie, les uns y apportant leurs richesses, les autres leurs bras, et tous nous serviraient d'auxiliaires pour combattre le fléau de l'émigration. Nous désirons vivement que cette mesure utile soit adoptée ; bien des familles basquaises, nous en sommes sûr, en béniraient les auteurs, et cela se comprend.

Interrogez, en effet, ce malheureux vieillard oublié sur la terre, accablé et gémissant au souvenir de toutes les affections auxquelles il a survécu. Dieu lui avait cependant donné des rejetons par ses enfants, heureux au milieu d'eux, les berçant sur ses genoux ; malgré ses malheurs, il se sentait encore vivre. Sa vieillesse, au milieu de ses ronces et de ses épines, avait encore ses fleurs et ses parfums ; sa fin, il la voyait venir avec calme ; les caresses dont on l'entourait berçaient son imagination comme une mère berce son enfant. On chantait, on gazouillait, on priait autour de lui et sa vie devait s'éteindre douce, calme, sans crise ; mais tout à coup, subitement, brusquement, tous ces oiseaux qui faisaient son charme s'envolent, disparaissent, mais aucun comme l'hirondelle avec l'assurance de revenir. Le Mexique a fait miroiter aux yeux de ses enfants son or, sa richesse, et le pauvre vieillard est resté seul, seul dans sa maison vide, avec cette cruelle pensée au cœur : ils s'en vont, tu ne les reverras plus. Pauvre vieillard !

Voyez cette pauvre mère, au teint hâlé par la fatigue ou blanche comme un suaire, elle avait un fils, une fille chérie, eux aussi entraînés par un rêve ambitieux, inspirés par des promesses chimériques sont partis pour Buenos-Ayres et Montevideo : un an est passé depuis leur départ à bord de la *Léopoldina-Rosa*, et plus de nouvelles. La douleur torture cette pauvre mère ; s'il lui restait au moins une tombe où elle pourrait chaque jour venir prier, pleurer et répandre des fleurs ! Cette consolation ne lui est pas réservée.

L'Amérique est le pays de l'or, j'y vais et j'en reviendrai bien vite, dit le Basque. A mon retour, j'achèterai cette ferme, cette jolie maison que j'ai tant de fois souhaitée, rêvée pour ma fiancée ; à mon retour, notre bon curé bénira notre union : le fiancé part, la fiancée n'est pas oubliée, car le Basque est constant et fidèle ; mais la guerre éclate, des révolutions mettent tout à feu et à sang, le choléra, la fièvre jaune font des ravages incessants, le jeune homme ne reparaît pas, nul ne sait où il est ; est-il vivant ? est-il mort ? Il vit toujours dans le cœur de sa fiancée ; mais celle-ci, semblable à la mère éplorée, cherche en vain une tombe, qui lui est refusée pour y prier, pleurer et y porter des fleurs et des bouquets.

Le Basque a du courage et de la fierté ; voyez-le au moment où la cloche annonce un incendie ou un fleuve débordé ; il est le premier sur la toiture en flammes, le premier qui brave les flots. Mais, habitué au grand air, à l'indépendance, à la liberté des montagnes, le joug, l'obéissance en dehors de celle du père et de la mère et de l'autorité locale, ecclésiastique ou civile, ce joug, dis-je, lui pèse ; c'est comme un lion en cage qui brise ses barreaux.

Le Basque a un autre beau sentiment : c'est le sentiment religieux dont sa mère l'a imbu au berceau ; il porte sur sa poitrine le scapulaire et le chapelet dans sa poche ; mais il a un malheur, c'est qu'admirateur de sa belle langue, il se soucie fort peu des autres ; aussi qu'arrive-t-il ? ses camarades au régiment le tournent en ridicule sur son chapelet, sur son scapulaire et sur son jargon ; les chefs l'ignorent, car s'ils le savaient, ils y mettraient ordre. Au commandement des chefs, il répond constamment au rebours : tête droite, les conscrits basques font tête gauche ; en avant marche, ils reculent. Comprend-on après cela que tant de Basques fuient le service militaire au lieu de devancer l'appel ; ils l'évitent au lieu de servir et cependant, quand ils s'habituent à la vie des casernes, ils deviennent de bons soldats, demandez-le aux chefs ; ils font mal en fuyant les obligations du service militaire et je suis le premier à les condamner ; mais ils partent, non pas par lâcheté, mais entraînés par leur esprit d'indépendance et le désir de faire fortune en pays étranger.

Le nombre des émigrés basques en Amérique est considérable. Les uns sont riches, opulents même, c'est le très-petit nombre ; les autres, et c'est le plus grand nombre, sont pauvres et réduits à la plus profonde misère et, pour comble de malheur, la plupart d'entre eux sont insoumis, ce qui veut dire pour eux flétris, déshonorés s'ils rentrent en France. Cependant tous sont Français et tous aiment la France ; ils ont tous gémi sur les malheurs qui l'ont frappée et pendant qu'elle était à se débattre sous l'étreinte de l'ennemi, beaucoup de nos compatriotes sont partis pour venir la défendre. Ceux qui n'ont pas pu suivre alors l'élan de leur patriotisme, ils en ont été empêchés par l'âge, les infirmités, les affaires, et surtout par l'état de gêne où ils se trouvaient en Amérique. Des souscriptions atteignant des chiffres considérables nous ont prouvé qu'ils n'avaient pas oublié la France et que, malgré ses revers, ils étaient toujours Français et fiers de l'être.

Nous venons vous supplier, nous disent-ils constamment dans leurs lettres : Rendez-nous à nos vieux parents qui, avant de mourir, veulent nous revoir ! Rendez-nous à notre patrie que l'exil nous fait apprécier et aimer davantage. Pour punir notre insoumission, imposez-nous toutes sortes de sacrifices, moins la prison qui, pour nous, est une flétrissure et dont la seule pensée nous retient en pays étranger. Nous subventionnerons vos voies de communication, nous doterons vos bureaux de bienfaisance et vos hospices, et si jamais la France a besoin de nos enfants et de nos richesses, nous les mettrons volontiers à sa disposition ; nous tâcherons de réparer ainsi la faute que nous avons inconsciemment commise.

Et puis, nous retrouvant au milieu de ces bonnes populations basques, que nous n'avons jamais cesser d'aimer, nous leur dirons : « N'imitez pas notre exemple : quelques-uns d'entre nous sont devenus riches, il est vrai, mais au prix de quelles privations et de quels sacrifices ? Leur santé même a disparu sous l'influence des climats torrides qu'ils ont habités ; quant au plus grand nombre, ils sont pauvres et malheureux, et vous en voyez certains qui, après avoir perdu leurs plus belles années en pays étranger, sont obligés pour vivre de travailler dans leur propre pays. Restez donc dans votre belle France, et désormais ayez pour unique devise : *Dieu, famille, patrie.*

Tels sont les sentiments de nos compatriotes en Amérique dont je me permets d'être ici l'interprète et je m'empresse de déposer leurs vœux aux pieds de ceux qui savent si généreusement disposer des faveurs et des grâces.

VIII

DU CHATEAU DE BIDACHE
A HASPARREN, CAMBO & USTARITZ

Le voyageur, après avoir visité les ruines du château de Gramont, peut dans la même matinée ou la même soirée parcourir celles des châteaux de Came et de Guiche, pour lesquelles la notice que j'ai déjà indiquée l'aidera beaucoup.

Un cours d'eau navigable, ombragé l'été par les grandes haies et les peupliers qui forment un berceau, s'offre gracieux à lui pour saluer ces ruines. C'est la Bidouze, serpentant comme une couleuvre, se roulant sur elle-même, dans cette immense plaine couverte l'été des plus beaux maïs et des plus beaux froments. Vous voyez partout, dans tous les sens, ce bleu azuré de la Bidouze qui charme le voyageur aussi loin que sa vue peut s'étendre.

La voiture du touriste peut l'attendre au port de Guiche et de là, arrivant à la la route départementale de Bidache à Bayonne, il traverse la belle commune de Bardos; s'il veut voir tout le panorama du pays, du point le plus élevé dans nos plaines, il gravit à pied ou en voiture le monticule de *Miramontia*, le mot seul veut dire : *venez admirer*. C'est là tout l'arrondissement qu'on a sous ses pieds ; une grande partie des Landes et au fond de l'horizon l'Océan et les montagnes se contemplant mutuellement avec un majestueux orgueil. Arrivé à la maison Larrondo, qui longe la route départementale, vous trouvez un chemin qui s'ouvre à gauche avec un poteau portant cette inscription : *Labastide-Clairence*.

Vous descendez cette route toujours en pente douce jusqu'à la Joyeuse, et suivant ce cours d'eau, saluant de nouveau et à distance le modeste couvent des Bénédictins, traversant la place et les arceaux de Labastide-Clairence avec les souvenirs de la chaste Claire, vous arrivez à la route départementale déjà connue de Bayonne à Saint-Palais ; là, comme si un rideau s'élevait tout à coup, vous apercevez de tous côtés des jardins, des bosquets, des fleurs, des cours d'eaux, des côteaux, des montagnes, des vallées, des maisons luttant de propreté et d'élégance, un grand parterre de fleurs avec des arbres qui le protègent ; ce gracieux parterre est l'asile, le saint asile de ceux qui ont disparu de ce monde, aux pieds desquels partout le Basque, fidèle à ses devoirs, vient s'agenouiller. Après plusieurs maisons placées dans un désordre presque calculé, une large rue bordée de simples, mais robustes constructions, se présente à vos pas. Vous la suivez et de suite vous arrivez dans une place que domine une église actuellement en reconstruction, remarquable par l'ancienneté d'une inscription existant au-dessus du porche, où tout passant qui a le respect de l'antiquité doit s'arrêter et la lire :

Flamen, item duumvir, quæstor pagique magister.
Verus ad Augustum, legato munere functus.
Pro novem optinuit populis sejungere Gallos.
Urbe redux, Genio pagi hunc dedicat aram.

« Vérus, grand-prêtre, duumvir, questeur et gouverneur
« du pays, envoyé vers Auguste, obtint la séparation de la
« Novempopulanie du reste des Gaules ; revenu de Rome,
« il dédie cet autel au Génie du pays. »

Puis le voyageur peut de la place remonter la rue qui s'élève en pente douce et le conduit à la maison des Missionnaires, prêtres vénérables dévoués à la prédication et au salut des âmes.

Dans le même groupe de maisons se trouve le collége ou l'établissement des Frères de la doctrine chrétienne, sous la direction de M. l'abbé Deyhéralde, opérant des prodiges avec les jeunes enfants espagnols et français qui lui sont confiés. Au bas de la ville, remarquez la belle place aux marchés ; au-dessus de vous c'est le château de *Salduya,* un véritable nid d'aigle, au même niveau à peu près que le *Miramontia* dont nous venons de parler. Et d'un côté et de l'autre et par-ci et par-là, des maisons d'une propreté remarquable, d'une blancheur immaculée, et quelques-unes de l'élégance la plus moderne. C'est la splendide commune de Hasparren, la reine de notre arrondissement, que le voyageur parcourt ; il sent le besoin de s'y arrêter, tant ce qui l'entoure, avec ce murmure des cours d'eaux qui sillonnent dans tous les sens, cette fraîcheur, ce luxe de la terre, le séduit et le porte à l'admiration.

Quittant à regret cette belle commune, le voyageur prend la route nationale qui conduit à Bayonne ; au deuxième kilomètre environ, il trouve à gauche un chemin qui s'ouvre avec ce poteau indicateur : *Cambo.*

Le touriste suit ce chemin, prévoyant presque le charme qui doit l'y attendre, il se demande parfois, dans l'admiration des montagnes qui l'entourent, des côteaux couverts de pampre, qui effleurent la route, des torrents d'eau qui tombent de la montagne, des ruisseaux qui cachent et font éclore les fleurs, il se demande, dis-je, s'il est réveillé, et c'est dans ces dispositions d'esprit que le voyageur arrive au pont suspendu de Cambo.

Arrivé là, son admiration n'a plus de bornes : il croyait avoir tout vu et il n'a rien vu, on ne peut pas décrire le paysage qui se présente à la vue du voyageur à son arrivée au pont. Il faut un pinceau que je n'ai pas pour peindre cette partie de la Nive, où les galets et la vague ressemblent à des papillons qui se poursuivent. Ces côteaux luxuriants de beauté avec cet amphithéâtre de villas simples et à la fois élégantes, ces allées qui longent la Nive et conduisent de l'eau sulfureuse à l'eau ferrugineuse, c'est le golfe de Gascogne, dans un autre genre. « Le tout n'a pas son semblable dans la contrée. »

C'est sous cette impression de charme, avec cette admiration, allant de surprise en surprise, qu'un voyageur de haut parage, un duc dont je tairai ici le nom, descend à l'hôtel St-Martin, où il avait fait annoncer son arrivée par lettre et par dépêche. Dès que le fouet du cocher et les grelots des chevaux ont annoncé l'arrivée du grand personnage, la dame d'hôtel, gracieuse toujours, lui pourrait-elle autrement ?

« Nous vous souhaitons, monsieur le duc, la bienvenue. Vos appartements sont prêts, permettez que je vous y accompagne.

— Charmé, madame, ravi, enthousiaste de tout ce que je vois partout autour de moi; mais une chose essentielle me préoccupe; m'avez-vous trouvé un bon guide, comme il faut, intelligent, bien élevé, connaissant parfaitement et le pays et votre admirable langue, disposé à voyager à toutes les heures de la nuit, du jour, à pied ou à cheval, en calèche ou sur mer?

— Oui, monsieur le duc, et voici ce guide que j'ai l'honneur de vous présenter.

— Mais, charmant, madame, figure sympathique, allure franche, regard intelligent, parole facile. Je l'avais rêvé ainsi, c'est mon idéal. Veuillez mettre un second couvert.

— Eh bien, mon enfant (s'adressant au guide), nous allons tout voir, tout explorer dans votre charmant pays; j'en suis l'adorateur et surtout de votre langue qui, à mes yeux, est la plus belle du monde. *(On frappe à la porte).* — Entrez.

— Monsieur le duc, le dîner est servi.

— Venez dîner avec moi, mon enfant. Eh bien, pour ne pas perdre une seconde des précieux instants que nous aurons à passer ensemble, dites-le en basque.

— Ça dépend, monsieur le duc.

  Au singulier... *Zato enequin bazcaiterat.*
  Au pluriel.... *Zatoste* »

Descendant l'escalier :

— Gare de glisser, vous le diriez :

  Au singulier... *Behatzu lerra*
  Au pluriel.... *Behatzue lerra.*
  A un homme que je tutoie.... *Beac lerra.*
  A une femme que je tutoie... *Bean lerra.*

— Parfait ; asseyons-nous et causons familièrement.

Le garçon de l'hôtel sert.

— Monsieur le duc désire-t-il des vins du pays ? Voici la carte :

VIN BLANC	VIN ROUGE
de Lahonce,	de Guiche,
d'Urcuit,	de Labastide-Clairence.
d'Urt,	d'Itsatsou,
de Bardos,	d'Irouléguy,
de Larceveau,	de Çaro,
de Capbreton.	d'Ostabat,
de Jurançon,	de Garris.

— Votre pays Basque est ravissant; mais comment s'y faire comprendre ? Ainsi, l'appétit me talonne, comment vais-je m'en tirer?

— Voici, monsieur, le duc, comment il faudra vous exprimer :

Donne-moi, je te prie (ou je vous prie) :

S'adressant à un homme que l'on tutoie.	à une femme que l'on tutoie.	à une personne à qui l'on dit vous.	Si l'on s'adresse à plusieurs personnes.
INDAK OTHOY	INDAN	INDAÇU	INDAÇUE
du pain	de la méture	du bouillon	de la garbure	de la viande
oguia	*artua*	*salda*	*elzekaria*	*araguia*
du veau	du mouton	du poulet	du canard	du poisson
chahala	*sikirua*	*oilhaskua*	*ahatea*	*arraina*
de l'œuf	cuisse	du boudin	du salé	une omelette
aroltzea	aile d'oie	*odolkia*	*ourinekoa*	*arotzekaya*
des oiseaux	*antzarra*	pigeon	lièvre	perdrix
choriak	*isterra egala*	*orsuak*	*herbia*	*eperra*
du fromage	poire	pomme	prune	abricot
gasna	*udaria*	*sagarra*	*arana*	*melocotono*
cerise	nèfle	pêche	noix	noisette
guerezia	*mizpira*	*merchika*	*elzaruak*	*urrak*

Voilà bien de quoi satisfaire largement son appétit.

— Et pour ne pas mourir de soif?

— Vous demanderez :

L'eau	du vin	cidre	du lait	petit lait	eau-de-vie
Ura	*arnoa*	*agarnua*	*esnea*	*gaçura*	*agorienta*

— Je crois, monsieur le duc, qu'il y en a là suffisamment pour se désaltérer. Le reste, ce sont des créations humaines pour lesquelles, nous hommes primitifs, nous n'avons pas d'expression ; on les francise pour se faire comprendre. Ainsi : *likourra, kafia, chocolata, limonada.*

— Parfait, ce vin blanc de Lahonce, ce vin rouge de Labastide, peut-être un peu acidulé ; j'aime cela, ça aiguise l'appétit.

Le garçon servant le duc :

Des truites du pays :
Amarrrinak, racine du mot. La mère des poissons.
Du saumon de la Nive, encore du pays :
Ourhandiko içokina.
Mouton de Roncevaux : produit du pays à croquer, à savourer.

— Le café est servi.

Liqueur du pays, monsieur le duc, liqueur de Hendaye.

— Dame ! dame ! Mais vous avez donc de tout dans ce pays-ci. Ma foi, garçon, puisque rien ne vous manque, un cigare du pays !

— Ce serait facile de vous contenter, Monsieur le duc ; le tabac pousse ici comme le champignon, mais la culture en est prohibée.

C'est un grand tort, et surtout sur une frontière où ça couperait court à la contrebande.

UNE HYPOTHÈSE

Si, par exemple, j'étais égaré sur un chemin :

— Où est le chemin de Sare ? — *Nonda, Sarako bidea ? Non duk, non dun, non dusu non dusube ?* Ça va sans dire.

A droite ou à gauche ? *Eskun edo echker ?*
— Toujours tout droit ? — *Betti churhen.*
Vous devez revenir sur vos pas. *Beharduzu bihurtu.*
— Le long de cette montagne. — *Mendi horren parrian*
Y a-t-il de fortes côtes ? *Bada patar bortitzik ?*
Ou bien en plaine ? *Edo ordoqui ?*
Que vous semble le temps ? *Cer zaizu dembora,* ou *zu zube* au pluriel.
Pleuvra-t-il ? ventera-t-il ? *Uria ? aiza a ?*
Fera-t-il de l'orage, de la grêle ? *Galerna, harria, itzotza olza, orme ?*
De la gelée, froid, grêle ? *Bahazuza, ignen, othe, dou.*

Enfin, supposons un pique-nique. Nous voulons avoir un endroit bien ombragé, près d'un ruisseau, près d'un chemin carrossable, un pré avec des fleurs, des haies qui forment berceau, comment le demanderiez-vous ?

—Pourriez-vous, ma bonne femme ou mon bon homme, m'indiquer un lieu où nous pourrions nous reposer?
 Un lieu bien ombragé
 Près d'une fontaine:
Avec des bouquets, des fleurs
 Près d'une grande route.

Othe zindouke ena emaz-tequi ou Guizon maitea toki bat non yar guindatzken.
Toki bat itzala dubena
Ithurri baten onduan
Lores inguraiuba,
Bide handien honduan.

—Ça me suffit. Avec tous ces précieux renseignements, je me tirerai maintenant d'affaire à merveille.

— Grand merci, aimable guide, comment le diriez-vous en basque pour que je le dise aux autres à mon tour ?

— *Esherikaski, lagun maitagarria.*

— Cocher, en route : c'est vous maintenant, mon enfant, qui prenez les rênes du gouvernement.

— Nous partons de l'établissement.

Quel ravissant pays ! quelle délicieuse station ; ma parole, je n'en connais pas

9

de plus jolie. Ailleurs, il y a de plus hautes, de plus belles montagnes, sans doute ; mais je préfère les vôtres. Ça vous sert d'abri contre le vent, d'ombre contre le soleil ; les hautes montagnes vous laissent exposés à tous les risques du soleil, du vent et du froid, on les a à distance, et la neige vous envoie de ces brises qui ne sont pas toujours caressantes. Les hôtels sont plus beaux, sans contredit ; mais les hôtels, c'est l'affaire des architectes et des maçons, tandis qu'ici la nature a tout fait. Votre établissement est à la hauteur des progrès modernes. M. le docteur Dotézac, inspecteur des thermes, a publié une notice complète sur ces eaux : il ne faut qu'une compagnie fermière pour votre prospérité complète. La commune se montrerait, je pense, raisonnable : une compagnie fermière, j'en suis sûr, s'enrichira. Où a-t-on vu des berceaux, des bouquets d'arbres comme ici, se perdant à l'horizon ?

Où voit-on quelque chose qui ressemble à la Nive arrosant vos allées ? Des coteaux, des villas délicieuses de tous côtés. Et puis votre établissement est une atmosphère de soufre, votre eau ferrugineuse exhale l'odeur du fer. C'est à mes yeux un véritable Eden. Et si j'habitais ce pays, c'est moi seul qui voudrais être fermier, persuadé de m'enrichir.

— Monsieur le duc, votre landau est prêt, il vous attend à la grille de l'établissement.

. . . .

— Eh bien ! montons. A mesure que nous gravissons la côte, quel joli horizon, quel cadre enchanteur. Commandez au cocher, mon enfant, donnez vos ordres. Je vous fais duc.

— Cocher, à droite. Au haut de la côte, prenez à main droite. Voyez, monsieur le duc, cette splendide plaine, c'est le Bas-Cambo. Au bas de nous, la Nive, qui semble pleurer de nous quitter ;

voyez son cours silencieux et mélancolique. Ici les fabriques de chocolat, premier chocolat du département. Voici, monsieur le duc, l'hôtel de France, de premier ordre encore. Quelle charmante église, quel respect pour les morts ? on les couvre de fleurs.

C'est beau d'honorer la mémoire des morts, c'est touchant de voir prier sur les tombes : tout ceci console l'âme et fait du bien. Le respect des morts, c'est la foi en Dieu.

— Cocher, halte.

— Nous sommes ici à la grande côte de Cambo. Admirez, monsieur le duc, ce magnifique panorama. A nos pieds, la Nive avec ses masses écumantes se roulant comme un serpent blessé. A votre droite, les communes et les verts coteaux de Jatxou et de Halsou. Celle-ci a donné le jour à M. l'abbé Fabien Harriet, décédé chanoine à Bayonne, un ecclésiastique fort remarquable. A votre gauche, le beau village de Larressore avec son petit séminaire, placé dans une situation admirable. Mgr Hiraboure, évêque d'Aire, y a été élève lui-même et professeur. Son fondateur fut l'abbé Daguerre, d'heureuse mémoire.

Et devant nous cette plaine splendide baignée par la Nive.

— Nous voici à l'entrée d'Ustaritz, nous laissons la route départementale. Cocher, la route à gauche qui conduit à l'ancienne église, aujourd'hui convertie en chapelle expiatoire. Voyez, M. le duc, devant vous là-bas dans la plaine, au milieu de ce vaste bouquet de maisons du nom d'Ustaritz, la grande maison des Sœurs de la Croix, servant de noviciat et en même temps de pensionnat, faisant un bien immense dans tout le pays.

Ce beau mausolée, monsieur le duc, aux pieds de la vieille église, est le tombeau d'une des plus grandes illustrations du pays Basque, de Garat, ancien ministre, fait comte par l'Empereur Ier. Le pays Basque honore et respecte sa mémoire ; M. Garat, son neveu, a été dans son siècle le plus grand chanteur de l'Europe.

— Cocher, arrivé à la route départementale, prenez à droite et descendez. Voyez, M. le duc, quelle élégante construction à ma droite, elle semble vouloir s'envoler tant ça paraît gracieux et léger ; admirez d'ici ce beau panorama. Nous arrivons au bourg : à votre droite, monsieur le duc, remarquez une grande et belle maison avec deux pavillons au toit ; c'est la maison natale d'un homme dont le pays Basque garde avec complaisance le souvenir. C'est l'abbé Dassance, qui avait refusé l'évêché de Pamiers ; il fit la traduction, entr'autres choses, de l'*Imitation de Notre-Seigneur Jésus-Christ*, édition de luxe. Voilà une grande minoterie brûlée, le port d'embarcation pour Bayonne, un pont, deux ponts, trois ponts, ce n'est certes pas comme à Urt, ce matin, avec ce brave homme dont vous m'avez parlé, monsieur le duc. Sur un parcours de 60 kilomètres au moins, avec les zig-zags, les sinuosités de l'Adour, point de pont.

C'est une ombre au tableau, passez vite là-dessus. Les Basques savent donner l'exemple et faire la leçon à leurs voisins.

Nous rentrons à Cambo, monsieur le duc, voyez cette chaîne de villas enlacées les unes aux autres, avec des bouquets, des arbres, des fleurs de toute espèce. C'est la demeure de nos riches Américains, échappés aux naufrages, aux ravages de l'Amérique ; tout cela monte la tête aux Basques ; ils partent pour ne plus revenir ; ils ne se disent pas, les malheureux, que sur mille à peine un revient. Ici dans le pays même, les uns, marchands, négociants, les autres artisans, font bien mieux et plus promptement fortune que certes en Amérique. Les domestiques qui se placent se retirent presque toujours avec une modeste aisance. En Amérique, elle se perdent en général presque toutes, elles meurent à l'hôpital, ou demandent l'aumône, elles disparaissent Dieu sait où, pour ne plus reparaître.

Nous arrivons, monsieur le duc, c'est à peine le crépuscule.

— Délicieuse, ravissante journée que celle-ci; inscrivez sur l'album, mon enfant : *Cambo, juillet 1878.*

Parti de Bayonne 5 heures. — Labastide-Clairence. — Légende Claire, limpide comme son nom. — Ruines du château de Belzunce, navrant. — Grotte d'Isturitz, admirable. Désert de Sahara, purgatoire, dignes pendant de leurs noms. — Le Château de Gramont, dramatique. — Hasparren, splendide. — Cambo, Ustaritz, promenade après dîner, un songe.

— C'est l'heure du repos, du sommeil, mon enfant, surtout devant nous lever demain de bonne heure.

— Dormez bien, faites de beaux rêves.
— Vous le diriez?

— Ça dépend, monsieur le duc : si vous vous adressez à moi : *Isou lo* ; si vous vous adressez à plusieurs : *Eizu lo, eizu ametz ederrak* ; au pluriel, *eizube*.

— Eh bien ! dors bien.

— Ça dépend encore, monsieur le duc: si vous vous adressez à moi : *ungui eizak lo* ; si vous vous adressez à ma sœur : *eizan*.

— En vérité, je suis émerveillé de tout ce que je vois, de tout ce que j'entends.

Le duc seul :

loa	*içar ederra*	*norda hor?*	*ni zure haurra*
sommeil	belle étoile	qui est là?	moi, votre enfant
ama	*maitagarria*	*amano*	
mère	aimable	nourrice	diminutif de mère

Quelle harmonie et quel charme dans ces sons?

IX

ORIGINE DES BASQUES
LEUR LANGUE

L'origine des Basques est encore enveloppée d'un mystère. D'où vient donc ce petit peuple établi depuis tant de siècles sur les deux versants des Pyrénées Occidentales, presque oublié jusqu'à nos jours et parlant une langue particulière appelée : *Eskuara?*

Des bouleversements d'Empires ont eu lieu, des nations se sont transformées, leurs idiômes ont subi des changements profonds ; au milieu de toutes ces révolutions diverses et radicales, le peuple Basque a su conserver, dans ce petit coin des Pyrénées, sa physionomie originelle, ses mœurs et ses coutumes presque intactes, et garder surtout une langue dont il est justement fier. Elle n'est parlée nulle part ailleurs et elle n'a d'analogie avec aucune autre langue moderne.

Nous n'avons pas la prétention d'étudier une question aussi obscure. Depuis bien des années, des savants et des linguistes distingués se sont posé ce problème ; mais jusqu'à présent la solution vraiment scientifique n'est pas trouvée, les opinions sont variées, souvent contradictoires, et les diverses théories basées sur les faits historiques connus ou sur des études physiologiques comparées n'ont pas abouti à un résultat inattaquable. Cette divergence prouve donc que la lumière n'est pas encore faite et que le problème reste encore à résoudre. Nous exposerons brièvement toutes les différentes solutions proposées, sans émettre une appréciation personnelle quelconque, constatant cependant, à l'honneur du pays Basque, que ces origines doivent se perdre dans la nuit des temps, puisque les investigations de la science ont été jusqu'à ce jour impuissantes à les découvrir.

Les Basques sont considérés aujourd'hui par la majorité des savants comme les héritiers directs des Vascons, qui se rattacheraient eux-mêmes aux Ibères, dont on fait volontiers la population primitive de l'Espagne. Mais quand on recherche la race et l'origine de ces Ibères, l'accord n'existe plus, les systèmes se produisent et les solutions sont divergentes.

Les historiographes espagnols font descendre les Basques des Ibères ou Thobaliens, c'est-à-dire des enfants de Thobal, ou de son neveu Tharsis, qui portèrent avec eux la langue que Noé reçut des premiers hommes, c'est-à-dire, la langue *adamique*.

D'après ce système, les Basques appartiendraient donc à une de ces multitudes écloses au sein de l'Asie, qui, lors des premiers âges de l'humanité, à l'époque de la confusion des langues, émigrèrent sous la conduite d'un de leurs patriarches et vinrent se fixer sur les deux versants des Pyrénées Occidentales; d'autres affirment que les Basques sont les mêmes que les Ibères du Caucase.

Une hypothèse se fondant sur la philologie et l'anthropologie les rattache aux populations africaines, une autre à des migrations des peuplades du Nord dans l'Europe Occidentale. Des savants distingués prétendent qu'ils seraient les débris d'une race, qui, dans les temps anté-historiques, a occupé la péninsule hispanique; enfin, il y a un système qui soutient que les Phéniciens et les Sémites sont les ancêtres des Cantabres, dont les Basques modernes sont les continuateurs.

Quoi qu'il en soit de toutes ces théories sur l'origine du peuple Basque, il est un fait certain qui ne peut être nié, c'est qu'il parle encore une langue qui ne ressemble à aucune autre en Europe, d'une simplicité et en même temps d'une richesse incomparable et qui est pour lui la marque authentique de sa haute antiquité.

Certains écrivains ont sans doute avancé que cet idiome était un patois vulgaire, un jargon composé de pièces et de morceaux; mais cette assertion, aussi fantaisiste que légère, prouve que ces auteurs ne l'ont jamais étudiée dans son organisme aussi simple que logique, dans ses formes aussi belles que vigoureuses.

Il est vrai que dans les temps présents, par la nécessité d'exprimer des idées nouvelles et des besoins nouveaux, des mots étrangers l'ont envahi; mais son type n'a pas changé, l'altération n'est pas descendue jusqu'à la racine, et à ces mots même qui ne sont pas nés dans son sein, il a imposé ses règles et le caractère propre de son génie. Qu'on restitue ces mots aux langues diverses auxquelles il les a empruntés, qu'on ne garde que ce qui est à lui, on trouvera après cette élimination que cet idiome n'a aucune analogie avec les idiomes anciens ou modernes de la France, de l'Espagne et de l'Italie, ni avec les idiomes anciens ou modernes de l'Europe, il apparaîtra alors comme une *langue mère*, simple et logique dans sa structure intime, riche et variée dans les manifestations diverses de la pensée.

Le trait le plus caractéristique de l'antiquité de la langue Basque est sans contredit la simplicité de ses radicales. Le plus souvent monosyllabiques, elles forment un mot parfait ayant un sens toujours indéterminé, mais qui par les désinences ou les inflexions qui viennent s'y ajouter, prend aussitôt les divers sens particuliers qu'on veut leur donner et revêtent, par conséquent, toutes les formes grammaticales possibles. Dans cet état elles prennent, ainsi que leurs dérivés, tous les cas d'une riche déclinaison et fournissent à l'expression des nuances d'idées aussi riches que variées. La langue Basque n'admet que deux espèces de mots : le nom et le verbe ; car le nom, le pronom, le participe et l'adjectif, sont soumis aux lois d'une seule et même déclinaison, l'article est toujours exprimé par une particule identifiée avec le nom, la préposition n'est que la modification du même mot appellatif, et l'adverbe n'est que le résultat d'un nom décliné. Ses noms, conformément à la logique, rappellent toujours la nature, l'origine, les propriétés essentielles ou sensibles des objets qu'ils expriment.

La langue Basque méconnaît la distinction des genres, et cependant point d'obscurité ni d'équivoque, elle détermine le nombre singulier ou pluriel et passe de l'un à l'autre par une méthode simple et uniforme, et, à l'aide d'une seule déclinaison, elle exprime tous les rapports possibles ; quant à la composition des mots, elle peut, par la combinaison, en former un nombre incalculable.

Mais le plus beau titre de gloire de la langue Basque est la conjugaison. Elle peut être considérée, dit M. Lécluze, comme un chef-d'œuvre philosophique. Pour en saisir tout le mécanisme et en comprendre la prodigieuse fécondité, on ne saurait mieux faire que de l'étudier dans le beau et savant travail publié par M. le chanoine Inchauspé, intitulé : Le *Verbe Basque*. On y verra qu'avec un seul verbe, qui est à la fois *avoir* et *être*, la langue Basque, d'après un système très simple, lie toutes les propositions possibles, marque toutes les relations directes et indirectes des différentes personnes entre elles, épuise avec tout le laconisme imaginable, les combinaisons mathématiquement possibles des six pronoms personnels en les présentant deux à deux, trois à trois, le tout avec facilité, énergie et rapidité, changeant de terminaisons selon qu'on s'adresse à un enfant, à une femme, à un égal ou à un supérieur.

La syntaxe d'accord est nulle dans la langue Basque, ou se réduit à la connaissance parfaite de son système de déclinaison et de conjugaison.

Quant à la construction de ses phrases, elle n'a point de règles particulières : celles-ci, par le privilège des inversions, se prêtent à toutes les combinaisons de la pensée, obéissent au caprice de l'imagination et à tous ses écarts, suivent les sentiments dans leur calme ou dans leur véhémence, cèdent à l'influence de l'harmonie et, dans leur développement, donnent toujours des preuves éclatantes de la variété, de la précision, de la richesse et de la haute antiquité de la langue Basque.

Oui, le Basque doit être fier, doit être admirateur de sa langue.

On s'extasie devant une médaille rongée par le temps, retirée des entrailles de la terre, portant le vestige, souvent rien qu'apparent, des âges anté-historiques; on admire un débris des ruines séculaires, une mosaïque des temps grecs ; on recueille les épaves d'un grand naufrage que la mer jette sur le sable ; on s'agenouille presque devant elles et l'on a pour les enfermer et les garder les grilles d'un splendide musée; le Louvre lui-même semble pâlir à leur côté.

Mais personne ne songeait jusqu'à ces derniers temps à arracher de l'oubli dans lequel il semblait perdu le plus beau monument peut-être du monde : *La langue Basque.*

Isolé dans ses montagnes, caché dans ses vallées profondes, le peuple Basque restait inconnu pour la plupart des autres nations, et, peu soucieux de renommée, il toisait d'un air hautain l'étranger qui essayait de surprendre la naïveté de ses mœurs patriarcales.

Tout à coup le charme mystérieux de son idiome, franchissant l'horizon, a séduit les esprits les plus sérieux, les plus hautes intelligences. Le monde savant s'en est ému. Des noms célèbres l'ont exalté. Les Humboldt, les Lucien Bonaparte et tant d'autres maîtres de la science transmettront à l'avenir, grâce à leurs travaux, à leurs veilles, cette langue admirable du passé.

Et c'est, lorsque ce monument semble arriver à son apothéose, que l'on songerait à le détruire : ce serait un acte de vandalisme! non, ce n'est pas possible. Nos gouvernants, une fois bien éclairés, auront trop le sentiment du beau pour le permettre; j'irai plus loin. Une fois bien fixés sur la richesse, sur la haute antiquité de ce beau monument, s'ils créent des chaires publiques pour l'Indoustan et pour des langues qui n'ont ni antiquité, ni richesse, ni philosophie comparable à notre admirable idiome, bien édifiés, dis-je, nos gouvernants proposeront la création d'une chaire publique pour la langue Basque. Ils ont en ce moment près d'eux, attaché à la chaire d'une langue étrangère, un savant dont le mérite, dont la science linguistique, même de notre Basque, rivalise avec le charme de sa modestie, M. Julien Vinson, je puis le nommer ici : je suis de ceux qui ont su le juger et l'apprécier; personne, dis-je, ne pourra mieux les aider que ce philologue, un des plus remarquables que j'aie connus dans nos Pyrénées.

Contraste des choses humaines ! Le voyageur salue avec respect les pyramides d'Egypte, les barbares eux-mêmes les ont respectées, autant de corps inertes cependant que quelques hiéroglyphes ont semblé vouloir animer.

Comment ne pas admirer, ne pas contempler une langue mère, un idiome qui remonte aux premiers âges du monde : une langue mère, c'est l'âme, la foi, la vie, le sang d'une nation ; c'est une statue parlante, c'est le langage le plus rapproché de Dieu, c'est comme un être vivant dont l'éloquence, l'autorité, le prestige, l'empire s'impose de lui-même.

. . . .

Aussi, sous cette impression, nous avons tous profondément regretté dans nos contrées le projet émis par l'administration de nous enlever nos instituteurs basques et de les remplacer par des béarnais, espérant ainsi vulgariser le français, en voulant anéantir la langue Basque; nous n'hésitons pas à dire que la réalisation de ce projet serait désastreuse au point de vue de la conservation de cette langue originale et des mœurs qu'elle abrite ; désastreuse au point de vue du développement de l'instruction primaire elle-même, puisque le Basque, dès son berceau, apprend le Basque, et que ce n'est que par l'usage de cette langue qu'il peut apprendre le français, une langue étrangère ne pouvant être enseignée ni apprise qu'à l'aide d'une langue connue et déjà apprise.

Il est regrettable encore qu'il se rencontre des Basques qui ignorent leur langue à tel point qu'il y en a beaucoup qui la parlent sans savoir la lire ni l'écrire, alors que tant de savants font des efforts inouïs pour en découvrir la richesse.

. . . .

— Monsieur le duc, vous savez qu'il entre dans votre programme d'arriver ce soir à St Jean-de-Luz. Nous avons à visiter le Pas-de-Roland, Espelette, Ainhoa, le pont de Dancharinéa en Espagne, Sare, Saint-Pée. Je vous ai promis un beau soleil couchant, monsieur le duc, et cela du haut de la Rhune ; il est neuf heures, nous n'avons pas une minute à perdre.

— Très-bien, mon enfant, et le duc s'adressant à la dame d'hôtel : « Merci, madame, de votre charmante hospitalité ; tout ici est parfait : nourriture succulente, service prompt comme l'éclair, vins et produits du pays exquis, salons d'où le regard plonge sur des cascades. En vérité, votre pays Basque est un reflet du ciel, tout y parle au cœur et à l'âme. Dieu, on le voit partout : vous avez raison de l'aimer, ne vous a-t-il pas gâtés.

Eh bien ! partons, mon ami, accélérons le pas.

— *Zoazi laster, zaldiack azotatzkitzu. Erresaka goazin.*

—Cocher, allez vite, fouettez les chevaux. Allons les brides brûlées.

— C'est bien dit ?
— Parfait !

Le cocher vous obéit, monsieur le duc, ajoutez : *Emakor mutilla,* ça ne peut guère se traduire en français ; ça équivaut à : Courage, garçon, bravo !

— Eh bien soit : *Emakor mutilla.*

— *Bravissimo,* monsieur le duc.

X

PAS-DE-ROLAND — ITSATSOU ESPELETTE—AINHOA—SARE— S^t-PÉE ASCAIN — LA RHUNE

— Fort bien, mon garçon, vous nous avez conduits comme le vent. Nous voilà donc au Pas-de-Roland ?

— Pas tout à fait, pas encore. Après ce poteau bleu, à ma droite, nous n'avons que quelques pas à faire et nous y sommes.

— D'où vient donc ce nom de Pas-de-Roland ? Est-ce que ce fameux paladin, neveu de Charlemagne, est passé par ici ?

— J'ignore, monsieur le duc, si ce héros célèbre était neveu de Charlemagne ; mes connaissances historiques ne s'étendent pas jusque-là ; ce que je sais, c'est que la légende raconte qu'il y avait autrefois dans ces montagnes un homme d'une taille et d'une force extraordinaires, qui s'appelait Roland ; un jour, il trouva sur ses pas un rocher qui l'arrêtait ; d'un coup de pied, il le perça.

— Très bien, mon garçon, votre légende me plaît; mais ce qui surtout attire mon admiration, c'est ce site sauvage, ces rochers suspendus sur nos têtes, ces montagnes élevées, où croissent ces arbustes, ces herbes et ces fleurs, cette gorge resserrée où la Nive coule, tantôt calme et limpide, reflétant dans ses eaux ce morceau de ciel que laissent voir à peine ces cîmes si rapprochées, tantôt lançant des flots d'écume, bondissant, irritée des obstacles que les blocs de rochers tombés dans son lit lui opposent. La nature a rapproché ici les contrastes : le calme et le bruit s'y touchent, le sauvage et le gracieux s'y marient, c'est un tableau qu'on ne se lasserait jamais d'admirer. J'aurais bien regretté de ne pas l'avoir vu.

—Aussi, monsieur le duc, aucun étranger ne passe à Cambo sans visiter le Pas-de-Roland, et sans goûter les truites et les saumons que nourrissent les eaux si limpides de la Nive ; mais le temps marche, et, vous le savez, nous devons arriver ce soir à St Jean-de-Luz, comme vous en avez l'intention. Nous allons donc reprendre le chemin d'Espelette. Sur notre parcours nous pourrons voir, au presbytère, les vases sacrés que le digne curé se fera un plaisir de nous montrer. Ils sont ornés de diamants et d'émeraudes ; pendant le temps affreux de la Terreur, ils furent sauvés du pillage, grâce à la fidélité et à l'énergie d'un de nos Basques. Nous visiterons ensuite l'église, où vous pourrez admirer le rétable ; en sortant, le cimetière, comme dans tout ce pays, vous offrira l'aspect d'un vrai parterre.

—En effet, tout est bien beau dans ce pays; mais le culte des morts y est vraiment touchant.....

Quelles sont ces jolies et belles villas que nous apercevons sur ces hauteurs ?

— Elles appartiennent à de riches Américains, revenus de l'étranger avec de belles fortunes. Ils répandent les bienfaits autour d'eux et les pauvres du village ne sont pas oubliés. Peu de Basques cependant reviennent riches de ces pays lointains ; le plus grand nombre ne revient plus, et l'on peut dire qu'on réussit mieux en France qu'à l'étranger.

Cocher, prenez à gauche le chemin d'intérêt commun, qui conduit à Espelette.

— Cet amphithéâtre de maisons blanches avec leurs contrevents rouges, est charmant. Quelle propreté partout !

— Dans ce bas-fond, près de l'église,

vous voyez cette maison carrée, dit le guide ; c'est là qu'est né M. l'abbé Duvoisin, décédé à Bayonne, chanoine de la cathédrale, auteur d'ouvrages estimés. A notre gauche, ici à côté, est la maison natale de M. l'abbé A. David, naturaliste distingué, qui a passé le plus beau temps de sa vie dans les missions de la Chine. La petite commune de Souraïde est à notre droite ; elle se cache au milieu des bosquets ; d'ailleurs, son étymologie est *zura,* c'est-à-dire *bois.*

— Nous avons de ces hauteurs, dit le duc, des points de vue ravissants et variés ; cette chaîne de montagnes, qui s'étend devant nous, est réellement belle ; mais je n'aime pas à voir tant de landes incultes.

— Nous voici à Ainhoa, monsieur le duc ; ici, comme à Espelette, les maisons s'alignent sur les deux côtés de la route, blanches, propres, toujours avec leurs contrevents rouges ; c'est la couleur aimée du Basque.

— Quelle est donc cette inscription qui se trouve sur la pierre du fronton de cette maison ?

— Elle indique le rachat de cette propriété, monsieur le duc, comme vous le voyez ; cet acte est gravé sur un parchemin impérissable.

— Tout ce pays est très beau, la nature y a répandu à profusion ses beautés et ses richesses ; la terre y est fertile, et je persiste à m'étonner d'y voir tant de terres incultes. Ne pourrait-on pas les défricher et les rendre productives ?

Le tabac, ce me semble, comme vous le disiez, du reste, hier, y viendrait à merveille. Il y trouverait un soleil chaud, sans être ardent, une exposition à souhait pour son développement. Pourquoi ne demanderiez-vous pas à l'administration d'autoriser chez vous cette culture ? Elle enrichirait votre pays.

— Mon Dieu, monsieur le duc, nos représentants l'ont bien souvent demandé, soit au Conseil général, soit à la Chambre, mais malheureusement ce vœu-là n'a jamais abouti. Nos deux départements voisins, les Landes et les Hautes-Pyrénées, ont été plus heureux.

— C'est un motif pour insister. Vous êtes un département frontière, tout près de l'Espagne, où vous arrivez en plaine, ce qui rend la contrebande facile. Ne serait-ce que pour la neutraliser, la culture du tabac s'impose dans votre pays.

— Cocher, dit le guide, en route sur Sare et Saint-Pée, par la nouvelle route ; elle n'est pas encore ouverte, mais avec le beau temps on peut y passer.

— Voici Sare, monsieur le duc ; son étymologie est *Sara*, ce qui veut dire bois-taillis, vous ne voyez en effet que des bois de tous côtés. Dans cette commune est né et a vécu le premier écrivain Basque de renom, le fameux *Axular* ; c'est ici également qu'on parle le plus pur basque du Labourd. Là-bas est une fruitière établie depuis peu d'années; les produits en sont déjà très estimés. Devant nous, entre les gorges de ces montagnes, on fait pendant l'automne de grandes chasses de palombes, et près de ces gorges se trouve une grotte moins remarquable sans doute que celle d'Isturitz, mais qui mérite d'être visitée.

Monsieur le duc, nous traversons maintenant la riche commune de St-Pée; à votre droite sont les ruines du château de *Caupenne*, le premier gouverneur de Bayonne. De tous côtés vous voyez des plaines fertiles, des coteaux boisés, et longeant la route, la Nivelle, presque sans bruit, laisse couler ses eaux limpides vers la mer.

Nous voici arrivés à Ascain, joli village baigné par la Nivelle, adossé à des montagnes, entouré de bosquets. Cette charmante commune est aujourd'hui célèbre. C'est le berceau de l'amiral *Jauréguiberry*, ministre de la marine, le Jean-Bart de notre golfe de Gascogne, c'est ici également qu'est la tombe de l'abbé Hiribarren, qui a honoré notre contrée par sa vaste érudition.

— Messieurs les voyageurs, dit en se présentant un jeune homme alerte et vif, les chevaux sont prêts pour monter à la Rhune.

— Nous voilà prêts aussi. . . . .
. . . .

Quelle vue splendide de tous côtés ! Ici l'Espagne, les montagnes de l'Aragon, les pics de la Navarre ; au loin les Asturies cachées par ces sommets couverts de neiges et de glaciers ; tout près les montagnes verdoyantes et les vallées fertiles de la Biscaye du Guipuzcoa ; partout des forêts de sapins et de hêtres ; voilà St Sébastien, émergeant de la mer comme un bouquet d'un vase de cristal, le port du Passage s'étendant comme une immense glace encadrée de rochers. Voici la France semblable à un jardin bien cultivé, avec ses fleurs, ses rivières, ses plaines étendues et ses montagnes. Au loin, le regard atteint l'embouchure de la Gironde, La Teste, Royan, les Landes, les Hautes-Pyrénées, les Pyrénées-Orientales, avec leurs pics neigeux, et l'Océan étalant son immensité paraît à l'horizon dominer tout le continent. Mais quel beau spectacle? Le soleil est prêt à se plonger dans les flots ; ses rayons en les frappant leur donnent l'aspect d'un métal en fusion, et dans le ciel les quelques nuages qui y sont épars revêtent les brillantes couleurs du prisme. Quelle splendeur ! Dieu seul peut peindre de semblables tableaux, et l'œil de l'homme y retrouve les miracles de sa présence. . . . .

. . . .

— Mon enfant, prenez l'album de voyage, inscrivez : Départ de Cambo à 9 heures, arrivée à St Jean-de-Luz à 10 heures.

Pas-de-Roland, gorges de montagnes et rochers d'une beauté remarquable.

Ainhoa, Espagne, culture du tabac s'imposant d'elle-même.

La montagne de la Rhune, coucher du soleil impossible à décrire. Ici tout près St Jean-de-Luz, comme Venise, flottant sur l'eau ainsi qu'une grande frégate, St Jean-de-Luz, roi du pays Basque.

. . . .

La nuit était splendide, la mer reflétait la voûte étoilée du ciel, quand tout à coup, au murmure de la vague, vinrent se joindre les accents d'une voix qui chantait en basque les strophes suivantes :

Ene izar maitia.
(BASA-NABARTARREZ).

Ene izar maitia,
Ene charmagarria,
Ichilik zur'ikhustera
Jiten nitzauzu leihora ;
Koblatzen dudalarik
Zaude lo'kharturik :
Gauazk'ametsa bezala
Ene khantua zauzula !

Zuk ez nuzu ezagutzen,
Hori ere zaut gaitzitzen ;
Ez duzu ene beharrik
Ez eta acholarik.
Hil edo bizi nadin
Zuretako berdin !

Zu aldiz, maite Maria,
Zu zare ene bizia ?

Amodiozko phena zer zen
Oraino ez nakien !
Orai ez nuzu bisiko
Baizik zu maithatzeko,
Norat den ichurkia
Hara juaiten da hura :
Orobat ni, maitenena,
Jiten niz zure gana !

Ene izar maitia.
(TEXTE BAS-NAVARRAIS).

Mon étoile aimée,
Ma charmante,
En silence pour vous voir
Je viens à (votre) fenêtre ;
Pendant que je chante
Vous êtes endormie ;
Comme un rêve de la nuit
Que mon chant soit pour vous !

Vous ne me connaissez pas,
Cela aussi me peine ;
Vous n'avez de moi besoin ?
Ni souci.
Que je meure ou que je vive
Pour vous (c'est la) même chose ;

Tandis que vous, Marie aimée,
Vous êtes ma vie !

Ce qu'était chagrin d'amour
Encore je ne le savais pas ;
Maintenant je ne vivrai plus
Que pour vous aimer ;
(Du côté) où va la pente
Là s'en va l'eau ;
De même moi, la plus aimée,
Je viens vers vous.

Quand la voix eut cessé de se faire entendre, le duc s'adressant au guide : Je ne connaissais, lui dit-il, des chants Basques de vos montagnes que l'air dont Rossini a fait la prière de *Moïse* et la jolie romance de la dernière rose dans *Martha*, mais ces strophes que je viens d'entendre vont encore mieux à l'âme, elles me ravissent.

. . . .

XI

Sᵗ JEAN-DE-LUZ
SON PASSÉ, SON AVENIR

C'était en l'an de grâce 1823, madame la duchesse d'Angoulême parcourant notre golfe de Gascogne, tira ce double horoscope : « Biarritz, dit-elle, est « un bloc de diamant qui n'attend que le « ciseau du lapidaire pour briller dans « le monde entier. » La suite des temps a prouvé que madame la Duchesse avait raison. Or, Biarritz n'a pas dit son dernier mot.

Arrivant à Sᵗ Jean-de-Luz, émerveillée du splendide panorama qui se déroulait sous ses yeux, la montagne et la mer s'entrelaçant, les bosquets, les fleurs, la verdure naissant près de la vague, le Socoa et Ste Barbe s'avançant dans la rade comme deux bras gigantesques pour protéger la ville contre les fureurs de la mer, elle s'écria dans son admiration : « Ceci, bien connu, est un paradis « que tout le monde se disputera. » La suite des temps a prouvé et prouvera encore davantage que madame la Duchesse avait raison.

Y a-t-il une position plus heureuse que celle qu'occupe St Jean-de-Luz, aux pieds des montagnes de la Rhune et des Trois-Couronnes, dont les pics élevés, sans présenter à l'œil les masses imposantes de celles du Béarn et de Bigorre, apparaissent cependant avec quelque majesté à l'horizon, située à l'entrée d'une vallée verdoyante où serpente la Nivelle, entourée de coteaux aux pentes adoucies et tapissées de verdure, couronnée de bosquets où l'on trouve de frais ombrages, St Jean-de-Luz est assis près de l'Océan. Sa baie immense, dont la courbe se déroule dans un contour gracieux, rappelle celle de Naples, et surnageant pour ainsi dire au-dessus des eaux qui la baignent de tous côtés, cette ville charmante réveille les souvenirs de ceux qui ont vu Venise. Aussi, c'est à cette situation privilégiée qu'elle a dû autrefois des jours de prospérité et même de splendeur. Ils ont un moment disparu par suite de causes diverses indépendantes de sa situation; mais ils ne tarderont pas à revenir, déjà même ils reviennent, et tout fait présager aujourd'hui un avenir des plus brillants.

Au XVIIe siècle, St Jean-de-Luz était peuplée de 10 à 12,000 habitants; elle était alors le centre d'un commerce étendu et considérable. De riches et nombreux armateurs envoyaient au loin leurs vaisseaux que montaient d'intrépides marins, donnant la chasse à la baleine et se livrant à la pêche de la morue sur les bancs de Terre-Neuve. De ces courses lointaines ils y rapportaient l'aisance et même la richesse, et inspiraient ainsi à la population le goût de la navigation au long cours et des spéculations commerciales avec les pays éloignés. Elle était alors comme une pépinière de nombreux marins, dont quelques-uns sont célèbres, entr'autres Sopite, le chef des baleiniers, qui a donné son nom à une des rues de la ville, Delbarade, ancien ministre de la marine, le contre-amiral Dornalhéguy et tant d'autres, dont le savoir, le courage et les exploits sont un honneur pour la ville qui les a vu naître.

Mais l'époque la plus prospère de St Jean-de-Luz, fut celle du commencement du siècle de Louis XIV. Qui ne sait que cette côte fut témoin du mariage du grand roi et qu'elle reçut alors dans ses murs tout ce qu'il y avait de plus brillant dans les cours de France et d'Espagne ? Des fêtes splendides y furent données à cette occasion, et le souvenir de cette date mémorable du 9 juin 1660 n'y est pas encore effacé. Ce fut vraiment son apogée.

Quelques années plus tard, la mer, comme jalouse de tant de prospérité, envahit sa plage et la bouleversa, renversa les maisons voisines de ses bords, couvrit leurs jardins de ses flots et la population affolée devant tant de désastres, sortit nombreuse de ses murs. Là commença sa décadence. Son commerce tomba, son vaste port se dégarnit de navires et la solitude se fit presque dans ses rues. Cependant, même dans cet état, elle montre encore à l'œil attentif les traces de son importance et de sa gloire passées. L'Eglise paroissiale, le château de Louis XIV et celui de l'Infante, sans compter plusieurs hôtels et maisons remarquables, sont autant de témoins de son ancien éclat.

Aujourd'hui St Jean-de-Luz se relève; les hommes et les gouvernements ont lutté avec la mer, contenu sa fureur et, par de grands travaux, ont mis désormais la ville à l'abri des ravages de l'Océan. Pour atteindre ce but, tous se sont inspirés de cette noble et généreuse pensée : « Les plus beaux monuments que « l'on puisse léguer à la postérité ne sont « pas ceux qui sont consacrés aux vaines « jouissances de ce monde, mais bien « ceux que l'on élève pour protéger et « sauver la vie des hommes. La recon- « naissance des peuples est gravée sur « ces barrières en caractères impérissa- « bles. » Grâce à ces efforts, une digue puissante, partant du Socoa d'un côté et de Ste Barbe de l'autre, arrête la fureur de la vague et fera de St Jean-de-Luz, quand les travaux seront achevés, un des plus vastes et des plus beaux ports de l'Océan. Un magnifique seuil de garantie, qui s'arrondit avec la plage, met encore la ville à l'abri des envahissements de la mer. Ce n'est pas tout, il sert en même temps de promenade, et l'on peut dire sans exagération qu'elle est une des plus belles et des plus agréables de France. Surmonté d'un parapet arrivant à peine à la hauteur du genou, parqueté de galets disposés en mosaïque, ce magnifique seuil s'étend sur un parcours de près de trois kilomètres, et, pendant les belles nuits d'été, c'est le rendez-vous des baigneurs et des habitants qui viennent respirer, assis sur sa large banquette ou parcourant son étendue, la brise de la mer et de la montagne.

Oui, St Jean-de-Luz se relève et déjà

les jours de son ancienne prospérité semblent lui revenir. Les étrangers s'y rendent en foule pendant la saison d'été, attirés par les charmes de sa belle plage et la douceur de son climat.

Il faut le dire aussi, grâce au concours de tout le monde et à la bienveillance de l'administration municipale, des plaisirs nombreux, des distractions charmantes les y accueillent dès leur arrivée. Tous les soirs le salon de l'hôtel de ville est ouvert et mis à la disposition de ses visiteurs. On y est reçu sans toilette, sans luxe, sans le moindre apparat. Les sociétés française, espagnole, anglaise, souvent russe s'y donnent rendez-vous. Bientôt la familiarité la plus intime et en même temps la plus respectueuse s'établit entre les sujets de ces différentes nations, et bien vite on se traite en ami, en vieille connaissance. Dans ces soirées on cause, on rit, on plaisante avec son voisin, et l'on rentre satisfait des agréables moments qu'on y a passés.

Au dehors, sur la place publique, l'orchestre de la ville joue, non les belles symphonies et les ravissantes mélodies de l'orchestre Gobert, mais, ce qui ne manque pas de charme, des cantates basques, des boléros, des fandangos espagnols. Des sièges, des bancs sont mis à la disposition de tout le monde, le tout abrité contre le serein sous des allées de platanes.

D'autres fois c'est un feu d'artifice, des régates sur la baie, des jeux variés, tous joyeux et amusants; la plage sert de théâtre et rien de plus ravissant à voir, par un beau clair de lune, que ce tableau encadré d'un côté par les montagnes de La Rhune et des Trois Couronnes et de l'autre par les maisons blanches, les villas et les hôtels s'alongeant sur les quais de Ciboure et de St Jean-de-Luz le long de la mer.

Les hôtels ne manquent pas non plus à St Jean-de-Luz ; ils se sont agrandis et améliorés. Quel hôtel plus agréable que celui de la Poste, entouré de bosquets et de jardins, ayant vue sur la mer et la montagne? L'hôtel de France ne laisse rien non plus à désirer pour sa situation près de la mer et de la gare, au point le plus central de la ville, et celui de la Plage, situé à côté du nouvel établissement de bains et sur le seuil de garantie, permet à ceux qui y descendent de jouir de la mer et de la fraîcheur de sa brise.

Avec de tels éléments, St Jean-de-Luz doit nécessairement prospérer. Qu'on lui donne au plus tôt son port de refuge, qui, soit dit en passant, doit être considéré comme *une œuvre nationale*, et son commerce refleurira, et la vie y reviendra et de nombreux marins, dignes de leurs ancêtres, se formeront encore dans ses murs.

Qu'on lui rende l'école d'hydrographie qu'elle possédait autrefois et dont les cours étaient alors suivis par de nombreux aspirants au rude métier de marin. D'ordinaire peu fortunés, les jeunes gens que leur goût pousse à la carrière maritime y renoncent souvent parce qu'ils ne peuvent pas, dans la grande ville, concilier leur penchant naturel avec les exigences de la vie. A St Jean-de-Luz, lorsque l'école d'hydrographie y existait, cette combinaison leur était facile ; aussi ils y venaient en grand nombre s'y instruire et s'y préparer à la carrière de leur prédilection. Aujourd'hui les vocations maritimes ont bien diminué, surtout dans notre pays ; il serait cependant très utile de les réveiller : peut-être le rétablissement de l'école d'hydrographie à St Jean-de-Luz produirait cet heureux effet. Cette considération mérite d'être mûrement pesée, surtout à l'époque actuelle où la marine marchande est en complète décadence, et, puisque nous avons prononcé ce mot qui rappelle une situation pleine de périls pour l'avenir, qu'il nous soit permis de faire observer aux hommes compétents et chargés des intérêts du pays que parmi les causes multiples d'un état si déplorable, il y en a une surtout que l'équité et l'intérêt de l'avenir conseillent de faire disparaître, nous voulons parler de la modicité de la retraite attribuée aux capitaines au long cours. Assimilés par la loi aux enseignes de vaisseau, ces hommes de mer si utiles et si méritants devraient avoir droit au minimum au moins de la retraite des officiers de la marine de l'Etat dans les mêmes conditions d'âge et de navigation ; mais il n'en est pas ainsi, et cela contre toute justice, car la retenue versée par les capitaines au long cours est plus importante que celle versée par les enseignes de vaisseau ; de plus, l'Etat s'est emparé de la caisse des invalides de la marine, s'élevant à cent millions, et c'est de ce fonds qu'il tire à leurs dépens le paiement de retraites justifiées sans doute, mais qui devraient être à la charge exclusive du Trésor. D'un autre côté, les capitaines au long cours, exposés aux fatigues d'une navigation presque continuelle et aux influences des climats meurtriers qu'ils fréquentent, ne peuvent que rarement profiter de la modique retraite qui leur est assignée. Aussi la déplorable situation, qui leur est faite à la fin de leurs jours éloigne de la navigation commerciale beaucoup de jeunes gens, qui, par goût, l'embrasseraient s'ils y trouvaient la sécurité de leur avenir. C'est un mal que l'Etat devrait combattre, car il est essentiel pour lui de favoriser de tout son pouvoir le développement de la marine marchande qui lui fournit pour une grande part ces hommes de mer dont il a si souvent besoin.

Cela dit, revenons aux promenades variées, aux sites pittoresques, aux aspects agréables et grandioses que St Jean-de-Luz offre à ses nombreux visiteurs. C'est d'abord le Socoa : une distance de 3 kilomètres à peine le sépare de la ville ; une route accidentée et cependant facile, tantôt s'élevant sur de beaux rochers, tantôt s'abaissant au niveau de la plage, y conduit sans fatigue le voyageur qui veut le visiter. Du haut des falaises qui dominent le fort, on peut contempler les montagnes de l'Espagne et des Pyrénées, formant comme une immense ceinture autour du golfe de Gascogne, et, si l'œil s'abaisse sur la mer, il jouit bien souvent du retour des embarcations de pêcheurs, glissant légèrement comme des points mouvants sur cette immensité et dont les voiles déployées émaillent par leur blancheur la sombre couleur de l'eau. Quelquefois il aperçoit à l'horizon un navire qui passe cinglant vers les côtes d'Espagne ou vers des rivages plus éloignés.

Au retour du Socoa, il ne faut pas craindre de gravir le coteau de Bordagain, dont les flancs retiennent comme suspendues les dernières maisons de Ciboure. Le ravissant tableau qu'on aura sous les yeux fera vite oublier la légère fatigue qu'aura causée son ascension. Parvenu au sommet, on a de tous côtés un point de vue admirable ; à ses pieds, St Jean-de-Luz avec sa belle rade, la Nivelle se rendant lentement à la mer après de nombreux détours, au loin les Pyrénées, tendues comme un immense rideau fermant l'horizon, et, dans l'espace qui les sépare de l'œil de l'observateur, une campagne ondulée, coupée de collines et de vallées, parsemée de jolis villages aux maisons blanches se détachant sur le vert sombre des bosquets qui les entourent, puis la mer dont on cherche en vain les limites. Si ce magnifique tableau vient à être touché par les feux du soleil couchant, on voit soudain tous les objets qu'il embrasse s'éclairer de belles couleurs d'or, de pourpre et d'azur, se fondant dans des teintes vaporeuses si riches et si variées, que seul le pinceau du Créateur en sait trouver de semblables.

Veut-on avoir une image du chaos ? Qu'on aille visiter le rocher de Ste Barbe. En voyant ces ruines que la mer a faites, ces rochers énormes déracinés de leur base et jetés par elle comme en se jouant dans un entassement désordonné, on ne peut qu'admirer la puissance de cet élément terrible. Les vagues continuent toujours à venir se briser contre ces blocs couchés, et, pour jouir du spectacle de leur plus grande fureur, il faut choisir un jour de forte marée, à l'heure de la pleine mer.

Les environs de St Jean-de-Luz offrent encore au baigneur et au visiteur des buts charmants de promenade pour occuper et varier leurs loisirs : Ascain, Urrugne, Béhobie, Hendaye ne sont pas loin, et, dans ces diverses excursions, que de frais ombrages à trouver, que de vallées à parcourir, que de beaux aspects à contempler ! La nature étale partout à chaque pas, avec ses magnificences, ses attraits les plus gracieux, et, si l'on aime à réveiller les souvenirs historiques, on n'a qu'à visiter le Camp des émigrés, la Croix des Bouquets, l'Ermitage du Sucorri, la montagne de la Bayonnette ; les lieux que l'on parcourt rappellent des époques célèbres et les brillants combats dont ils ont été les témoins.

De St Jean-de-Luz on peut aussi, sans perdre trop de temps, faire une excursion dans la Basse-Navarre et la Soule. Leurs vallées et leurs montagnes, leurs villes et leurs villages méritent d'être visités ; on voit dans cette excursion Baïgorry, patrie du maréchal Harispe, une des gloires du pays, St Jean-Pied-de-Port, St Palais, Mauléon, Tardets, et tant d'autres endroits ravissants que l'on sera heureux d'avoir parcourus.

A tous ces agréments, qui lui viennent de sa position privilégiée, St Jean-de-Luz joint encore celui de son voisinage de l'Espagne. La frontière est tout près ; on peut en peu de temps la franchir et pénétrer sur le territoire espagnol. Aussitôt se présente à la curiosité du touriste Fontarabie, avec ses vieilles ruines et son cachet d'ancienne ville espagnole, Irun, qui possède une église remarquable, le port du Passage, un lac près de la mer, et St Sébastien, tout brillant de jeunesse dans une rade magnifique, célèbre surtout par ses courses de taureaux, qu'on se garderait bien de ne pas aller voir.

Tous les charmes de la nature se trouvent donc réunis dans ce beau pays que baigne le golfe de Gascogne. La mer et la montagne y sont voisines, et l'on peut à volonté, à de courtes distances, se donner le plaisir d'admirer les beautés que présentent ces deux merveilles de la création. L'hiver est doux dans notre pays, les chaleurs de l'été n'y sont jamais excessives, la fraîcheur des brises venant de la mer ou de la montagne en tempèrent les ardeurs. Non loin de nos plages et comme un nouvel attrait sont répandues, dans nos Pyrénées, de nombreuses stations thermales aussi variées par la qualité de leurs sources que par leurs effets bienfaisants. Rien ne manque à notre heureuse contrée; tout s'y réunit pour plaire et sourire à l'étranger qui viendra la visiter.

CHOIX DE PROVERBES BASQUES

On trouvera ci-après un choix de proverbes basques (dialecte labourdin), recueillis à St Jean-de-Luz et aux environs, accompagnés d'une traduction française aussi littérale que possible. Il n'a pas paru utile de joindre une explication à quelques-uns de ces proverbes dont le sens est très obscur ; le lecteur en appréciera lui-même la portée. On s'est attaché à ne donner que des proverbes essentiellement basques de fond ou de forme.

Cf. le recueil de proverbes basques d'Oihenart *(Paris,* 1657 ; *Bordeaux,* 1847; reproduit par Mahn, *Denkmaeler der Baskischen Sprache, Berlin,* 1857, p. 50-67) et les listes de proverbes basques données dans les ouvrages suivants :

Notices sur les proverbes recueillis par A. d'Oihenart, etc., par G. Brunet, *Paris*, 1859; — *Compendio Històrial de Guipuzcoa*, par Isasti, S' *Sébastien*, 1850, p. 171-174; — *Denkmaeler*, etc., déjà cités, p. 56-57; — *Guide ou Manuel de la conversation français-basque*, par l'abbé Darthayet, *Bayonne et Biarrits*, 1861, p. 275-283; — *Guide de la conversation français-basque*, par L.-M.-H. Fabre, *Bayonne*, 1863, p. 354-357.

CHOIX
DE PROVERBES BASQUES

―――――

I

Ardi bezembat anchu.

Autant de brebis-mères que de jeunes brebis.

II

Arrats gorriak eder aldi.

La soirée rouge (annonce le beau temps.

III

*Arrudarik tzarrena egiten du harra-
botsik handiena.*

La plus mauvaise roue fait le plus grand bruit.

IV

Aseak gosearen berri ez daki.

Le rassasié n'a pas de nouvelles de la faim.

V

Asko ahaidekin baiño hobe da atzekin egitekoa.

Il vaut mieux avoir affaire aux étrangers qu'à beaucoup de parents,

VI

Auzo ona duenak goiz ona.

Qui a bon voisin (a) bon matin.

VII

Bakhotchak bere burua du etsai handiena.

Chacun est à soi-même son plus grand ennemi.

VIII

Bakhotchak bere bergaz bertzeak neurtzen ditu.

Chacun mesure les autres à son aune.

IX

Bas-oillarra etchean nausi.

Le coq sauvage est maître dans sa maison.

X

Beltz guziak ez dire ikhatzak.

Tout ce qui est noir n'est pas charbon.

XI

Bichtatik urrun, bihotzetik urrun.

Loin de la vue, loin du cœur.

XII

Bururik ez duenak chapel beharrik ez.

Qui n'a pas de tête n'a pas besoin de chapeau.

XIII

Bururik ez duenak zangoak behar ditu.

Qui n'a pas de tête a besoin de ses pieds.

XIV

Cherri goseak eskurrez amets.

Le cochon qui a faim rêve aux glands.

XV

Chituek amarekin ikasten dute kabaz-kan.

Les petits poulets apprennent de leur mère à glousser.

XVI

Emok emailleari, izok egilleari.

Donne à qui donne, fais à qui fait.

XVII

Etche guziclan marikolak egosten eta gure etchean panderaka.

Dans toutes les maison cuisent les haricots, mais dans la nôtre à pleines marmites.

XVIII

Etcheko hautzak behar du etcheko sua estali.

C'est la cendre de la maison qui doit couvrir le feu de la maison.

XIX

Ez diozu igerika irakutsiko urean den arraiñari.

Vous n'apprendrez pas à nager au poisson qui est dans l'eau.

XX

Ez dire zuri guziak iriñak.

Tout ce qui est blanc n'est pas farine.

XXI

Ez duzu atzemanen hortzez illargia.

Vous n'attraperez pas la lune avec les dents.

XXII

Ezkont eguna aise izanaren bihara-muña.

Le jour du mariage (est) le lendemain de la vie tranquille.

XXIII

Ez utz ihes egiterat eskuko choria aire-koa izanen duzulakoan.

Ne laisse pas s'enfuir l'oiseau qui est dans ta main en attendant celui qui est dans l'air.

XXIV

Senar tzar bezembat emaste tzor.

Autant de mauvais maris que de mauvaises femmes.

XXV

Geroa alferraren leloa.

Après, c'est le refrain du paresseux.

XXVI

Gizon ttikiak maiz harrabots handia.

Un petit homme fait souvent un grand bruit.

XXVII

Gizon Yainkotiarrari Biriatu eta Donostia bardin lakhetgia.

A l'homme de Dieu Biriatou et Saint-Sébastien plaisent également.

XXVIII

Gizon tzarra goizean uzten duenak arratzean atzematen du.

Qui quitte le matin un mauvais homme le retrouve le soir.

XXIX

Goizean goiz yeikitzen denak arratseko zerbait egiten du.

Qui se lève de bonne heure fait quelque chose pour le soir.

XXX

Goiz gizon berant ezkon.

Celui qui est homme de bonne heure se marie tard.

XXXI

Goiz gorri, hegoa edo uri.

Matinée rouge, vent de sud ou pluie.

XXXII

Guazen bertze herrirat, han ere zakurrak badire.

Allons dans un autre pays, là aussi il y a des chiens.

XXXIII

Gure gatuak, bustana luze, bera bezala bertzeak uste.

Notre chat, qui a la queue longue, croit que les autres sont comme lui.

XXXIV

Gure mandoak umerik ez umiaren miñik ez.

Notre mulet n'a pas d'enfant; il n'a pas non plus le mal de l'enfant.

XXXV

Higiñean min duenak maiz mihia harat.

Qui a mal aux grosses dents y porte souvent la langue.

XXXVI

Haize hegoa an'rearen gogoa.

Vent du sud, désir de la femme.

XXXVII

Haritz eroriaren azpian errech da ezpalak egitea.

Sous le chêne tombé, il est facile de tailler des copeaux.

XXXVIII

Iriñetan erho, zahietan zuhur.

Fou dans la farine, sage dans le son.

XXXIX

Itsasoak adarrik ez.

La mer n'a point de branche (qu'un noyé puisse saisir).

XL

Kampoan uzo, etchean bele.

Dehors palombe, dans la maison corbeau.

XLI

Kausitzen da bethi mahaiñaren araberako dafailla.

On trouve toujours une nappe à la mesure d'une table.

XLII

Lasto su laster su.

Feu de paille feu rapide.

XLIII

Maiz ederki nahi dena maiz itsuski izanen da.

Qui veut paraître souvent beau paraît souvent laid.

XLIV

Mando merkea, hiretzat nekea.

Mulet bon marché, peine pour toi.

XLV

Martcho lore, urhe lore; aphirill lore, are hobe, mayatz lore gabea baiño hobe.

Fleur de mars, fleur d'or; fleur d'avril vaut mieux encore; fleur de mai vaut mieux que pas du tout.

XLVI

Mihiak ez du ezurrik hausten, baiñan bai hautsarazten.

La langue ne brise pas d'os, mais elle en fait briser.

XLVII

Nahi duzuna erraten baduzu, nahi ez duzuna adituko duzu.

Si vous dites ce que vous voulez, vous entendrez ce que vous ne voulez pas.

XLVIII

Non fida eta han gal.

Où l'on se fie, là même on se perd.

XLIX

Nork bere choko nork bere gocho.

Qui a son petit coin a son bonheur.

L

Ogi hasia yankara.

Le pain entamé invite à manger.

LI

Oihanean haritzik makurrenak zuzenena dela uste du.

Le plus tordu des chênes d'une forêt pense qu'il est le plus droit.

LII

Oiñen bethe zapata.

Le pied doit remplir le soulier.

LIII

On hartua nihork ezin khen.

Ce qui est bien obtenu, personne ne peut (te) l'enlever.

LIV

Orhiko choria Orhin lakhet.

L'oiseau de l'Orhi aime à être sur l'Orhi.

LV

Otsoak bere harayitik ezin yan.

Le loup ne mange jamais de sa propre chair.

LVI

Sasitik ilkhi eta berhoan sar.

Sortir du buisson pour entrer dans le fourré.

LVII

Seme hasten urhe hasten.

Avoir un fils (c'est) avoir de l'or.

LVIII

Senhar duenak yaun badu.

Qui a mari a seigneur.

LIX

Soiñuaren arabera yauzi eginen dut.

Je sauterai suivant l'instrument (de musique qui jouera).

LX

Sudurra pikatzen denean ahoa odultsu.

Quand le nez est coupé, la bouche est sanglante.

LXI

Urrungo eltzeak urhez, urbildu eta lurrez.

Un vase qui de loin semblait en or, n'est plus que de la terre lorsqu'on s'en est rapproché.

LXII

Usoak gan eta, sareak heda.

Tendre les filets après que les palombes sont passées.

LXIII

Yakiteko hartzen ikasazu ematen,

Pour savoir prendre apprends à donner.

LXIV

Zaharraren umea martzuka.

L'enfant du vieux est un crétin.

LXV

Yarrekiz yarrekiz achari zaharrak atzematen du oilloa.

A force de patience, le vieux renard attrape la poule.

LXVI

Yinkoa berankor da baiñan ez ahanz-kor.

Dieu tarde, mais il n'oublie pas.

LXVII

Zahia iriñaren eske.

Le son (offert) pour avoir la farine.

LXVIII

Zapata zuriak paperez, uria denean batere ez.

Souliers blancs de papier, s'il pleut, il n'en reste rien.

LXIX

Zembatenaz gorago altchatuko baitzare, hambatenaz beharago eror zaitezke.

Plus haut vous vous élèverez, plus bas vous pourrez tomber.

TABLE DES MATIÈRES

TABLE DES MATIÈRES

PRÉFACE. 5

I. 8

II. Le pays basque. 25

III. Industrie — commerce.. . . 37

IV. De Bayonne a la grotte d'Isturitz. 59

V. Ruines du chateau de Belzunce.. 79

VI. La grotte d'Isturitz. 99

VII. L'émigration des basques. . 113

VIII. Du chateau de Bidache a Hasparren, Cambo et Us-taritz. 125

IX. Origine des Basques.—Leur langue. 147

X. Pas de Roland — Itsatsou — Espelette — Ainhoa — Sare — St Pée — Ascain — La Rhune. 163

XI. St Jean-de-Luz.—Son passé, son avenir. 177

CHOIX DE PROVERBES BASQUES. . . 201

CARTE DE L'ARRONDISSEMENT DE
BAYONNE. 235

DU MÊME AUTEUR :

LE

PAS DE ROLAND

—▶★◀—

Prix : 3 francs.

—▶★◀—

EN VENTE

A L'IMPRIMERIE A. MENETIÈRE

PAU

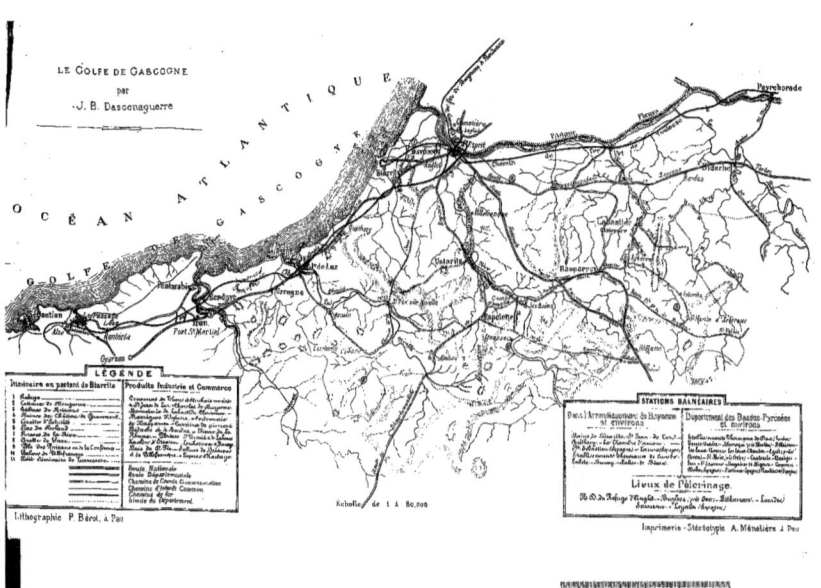

www.ingramcontent.com/pod-product-compliance
Lightning Source LLC
Chambersburg PA
CBHW051903160426
43198CB00012B/1735